Hans-Peter Apelt
Mary L. Apelt

plus deutsch 3

Lehrerhandbuch

HUeber

€ 3. 2. 1.   Die letzten Ziffern
2005 04 03 02 01 | bezeichnen Zahl und Jahr des Druckes.
Alle Drucke dieser Auflage können, da unverändert,
nebeneinander benutzt werden.
1. Auflage
© 2001 Max Hueber Verlag, D-85737 Ismaning
Umschlaggestaltung: Peer Koop
Layout: Peer Koop
Satz: VerlagsService Dr. Helmut Neuberger
& Karl Schaumann GmbH, Heimstetten
Druck und Bindung: Druckhaus am Kitzenmarkt
Printed in Germany
ISBN 3-19-037223-3

Inhalt

Einleitung

Die hier vorliegenden Handreichungen beziehen sich auf Band 3 des Lehrwerks. Sie beinhalten

- Kommentare zu den Übungsformen
- Hinweise zu den einzelnen Kapiteln wie Unterrichtsanleitungen, landeskundliche Hintergrundsinformationen und Lösungen für einige Übungen
- Transkription der Höraufnahmen
- Tests zu Grammatik und Wortschatz für jedes zweite Kapitel
- Zwischentest entsprechend dem ZD
- Abschlusstest entsprechend dem ZD
- Lösungen zu den Tests
- Wortliste

In den Handreichungen werden folgende Abkürzungen benutzt:

HA	Hausaufgabe
HV	Hörverstehensübung
KL	Kursleiter
KTN	Kursteilnehmer
LV	Leseverstehensübung
UE	Unterrichtseinheit
ZD	Zertifikat Deutsch

Bei Berufsbezeichnungen oder Tätigkeitsangaben wie Kursleiter / Kursleiterin, Kursteilnehmer / Kursteilnehmerin wird das Maskulinum als verallgemeinernde Funktion (generisches Maskulinum) benutzt, schließt also weibliche Personen mit ein.

Zur Arbeit mit *plus deutsch*

plus deutsch 3 unterscheidet sich in Konzeption und Aufbau nicht von den beiden ersten Bänden. Für die Arbeit gelten also die allgemeinen Hinweise im Lehrerhandbuch zu Band 1 und vor allem zu Band 2; sie werden im Folgenden lediglich in Hinblick auf Band 3 erweitert. Wenn der KL nicht mit *plus deutsch* 2 gearbeitet hat, empfiehlt es sich vor der Arbeit mit dem dritten Band nachdrücklich, die Hinweise im Leherhandbuch 2 zu lesen.

Als Unterrichtszeit für *plus deutsch* 3 werden je nach Lernsituation ca. 130 UE à 45 Minuten benötigt. Bei dieser Zahl ist nur die Behandlung des wichtigsten Stoffes berücksichtigt, die Kapitel 8, 14, 17 und – wie im Lehrerhandbuch angegeben – fakultative Teile von Kapitel 5, 11 oder 16 wurden nicht mitgerechnet. Stattdessen kann der KL, wenn gewünscht, während der Arbeit mit dem Lehrbuch oder im Anschluss daran eine systematische Vorbereitung auf die Prüfung zum ZD durchführen.

Vorentlastungen

Für die Hinführung zu einem Thema gibt es mehrere Möglichkeiten zur Vorentlastung.

Oft bietet die Entwicklung eines **Assoziogramms** an der Tafel eine gute Vorentlastung für das jeweilige Kapitelthema. Die KTN liefern z. B. zum Thema Großstadt Stichwörter, die der KL an die Tafel schreibt, wobei es seine Aufgabe ist, die Entwicklung des Assoziogramms in gewisser Weise zu steuern, d. h. Assoziationen anzuregen, die Wörter in eine entsprechende Ordnung zu bringen bzw. beiseite zu lassen.

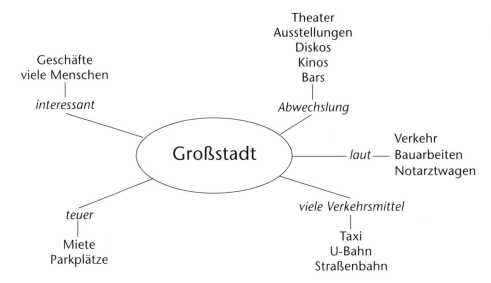

Eine andere Form der Vorentlastung besteht darin, dass die KTN pro vorgegebenem Thema **zwei bis drei Wörter auf Kärtchen** oder Zettel schreiben und dann an einer Pinnwand befestigen. Diese Beiträge werden anschließend nach inhaltlichen (Unter-) Gruppen geordnet und besprochen.

Die **Fotos und Zeichnungen** am Kapitelanfang bzw. bei neuen Themen können zum Ausgang für Gespräche benutzt werden, bei denen je nach Situation neue Wörter und grammatische Strukturen eingeführt werden können.

Mehrfachverwendung von Material

Viele Übungen, Fotos, Sprüche usw. können im Laufe des Unterrichts je nach Gegebenheit mehrmals herangezogen werden. Der KL erspart sich damit die Verwendung von zusätzlichem (selbst erstellten) Material. Dazu im Folgenden einige Beispiele.

Eine ganz einfache Form von Mehrfachverwendung ist z. B. „Im Rückspiegel" mit Übung 11 möglich, indem einfach die Fragestellung geändert wird: *Sie planen zu Dritt einen vierwöchigen Aufenthalt auf einer einsamen Tropeninsel. Besprechen Sie ...* Diese Übung kann zu weiteren Übungen zum Konjunktiv II in Kapitel 13 verwendet werden. *Wenn ich eine Reise durch die Wüste machte, würde ich ... Wenn ich eine Reise durch die Wüste vorbereiten müsste, würde ich ...*

In Kapitel 4 kann Übung 5 zur Formulierung verschiedener Grade von Vermutungen hergenommen werden: *sicher, bestimmt, vielleicht, wahrscheinlich* oder zur Formulierung persönlicher Meinungen: *Ich denke, ...; Ich kann mir vorstellen, ...; Ich bin sicher, ...; Ich glaube nicht, ...*

Dieselbe Übung kann auch zur weiteren Anwendung von *zu* + Infinitiv herangezogen werden: *Es wird möglich sein, ... Wir werden fähig sein ... Der Mensch wird in der Lage sein ...*

Ebenfalls können damit weitere Übungen zum Passiv durchgeführt werden: *Es wird nur noch 25 Stunden pro Woche gearbeitet, die Hausarbeit wird von Robotern erledigt, Verkehrsmittel können kostenlos benutzt werden, es werden genügend Lebensmittel für die ganze Welt produziert* usw.

In Kapitel 7 kann Übung 10 zur Formulierung von Haupt- und Nebensätzen verwendet werden: *Wenn man Geldscheine zählen will, braucht man den Zeigefinger. / Den Zeigefinger braucht man, wenn man Geldscheine zählen will. / Will man Geldscheine zählen, braucht man den Zeigefinger.*

Das Foto in Kapitel 6 (S. 68) kann zur Wiederholung von Präpositionen benutzt werden. *Der Bär sitzt zwischen ... Neben dem Frosch sitzt ... Der Pinguin kommt aus dem ...* Das Foto kann auch zur Einführung von Kapitel 16 wieder aufgegriffen werden.

Die Stellenanzeigen in Kapitel 5 (S. 58) können zu weiteren Übungen des Konjunktiv II herangezogen werden. *Wenn ich Geld brauchte, würde ich als Babysitter arbeiten.* Die Übung kann auch zur Wiederholung der Komparation herangezogen werden, indem sich jeweils drei KTN unterhalten:
A: Ich würde gern als ... arbeiten.
B: Ich würde am liebsten als ...
C: Mir gefällt die Arbeit als ... besser.

Es sei an dieser Stelle auch auf die Möglichkeit hingewiesen, aus gegebenen Texten und Übungen neue Übungen zu machen. Dazu werden von vorhandenen Übungen und Texten vergrößerte Folien hergestellt und dann für die Projektion je nach Übungsbedarf Wörter, Endungen usw. weggelassen.

Korrekturen in Kleingruppen

Wenn die Aufgaben von den KTN individuell in der Klasse oder als HA gelöst wurden, sollten sie vor der Behandlung im Plenum mit dem Sitznachbarn besprochen werden. Die KTN haben so die Chance, ihre Lösungen zu revidieren, machen im Plenum weniger Fehler und die Korrektur der eigentlichen Schreibübung mit dem Nachbarn wird zu einem kommunikativen Anlass, wobei der KL wie immer darauf achtet, dass Deutsch gesprochen wird.

Kurzgespräche

Einzelne Kurzgespräche werden von österreichischen und Schweizer Sprechern geführt. Die KTN können die Texte beim Hören mitlesen und z. B. Vergleiche beim Wortschatz anstellen. Bei den betreffenden Kapiteln befinden sich entsprechende Hinweise hier im Lehrerhandbuch: *Hörtext in deutscher, österreichischer und schweizerischer Fassung.* Die folgende Übersicht zeigt die wichtigsten Dialektregionen des Deutschen soweit sie die nationalen Varietäten betreffen.

Die für die nationalen Varietäten des Deutschen wichtigsten Dialektregionen

Sprechanlässe

Viele Fotos und Zeichnungen in den Kapiteln bieten Möglichkeiten zu kurzen Gesprächen, wie z. B. zum Plakat auf S. 18: *Was gibt es in der Stadt? Wofür interessieren Sie sich? Wohin möchten Sie? Mit wem?* Das Foto mit dem Kind (S. 79) kann Anlass zur Formulierung von Vermutungen über die Weihnachtsgeschenke sein, bei den verfallenen Häusern (S. 97) kann nach den Gründen des Verfalls gefragt werden. Die Karikatur mit Goethe (S. 69) kann zu einer Wortschatzübung (technische Geräte) benutzt werden, die Zeichnung der Wohnung (S. 88) kann beschrieben werden, dsgl. die Tätigkeit der Frauen (S. 52). Die Zeichnung aus dem Struwwelpeter (S. 143) kann, wie in Übung 1 vorgeschlagen, Anlass zu Vermutungen über die Krankheit sein: *Wie ist es dazu gekommen? Wie lange wird sie dauern? Was muss der Patient tun?*
Bei Interesse bieten sich Ansätze zu Gesprächen über Ästhetik und Kunst an, z. B. Kunst am Bau, die Treppe, die ins Nichts führt (S. 12), Beginn und Gründe der modernen Stadtplanung (S. 27), Baustile (S. 99), Inkabauten (S. 38), der verhüllte Reichstag (S. 113). Zu den Hochzeitsfotos (S. 150) können ebenfalls Vermutungen geäußert werden: *Wie alt sind die beiden? Wie finden Sie das Paar? Welchen Beruf haben sie wohl?* Je nach Antwort entwickeln sich dann Gespräche in der Klasse oder weitere (Fantasie-)Fragen.

Es wird immer wieder KTN geben, die nichts sagen wollen oder können. Der KL sollte in solchen Situationen auch zu fiktiven Beiträgen ermuntern und zur Fantasie anregen. Sprache bietet nicht nur die Möglichkeit, die Wahrheit zu sagen...

Sprüche und Graffiti illustrieren nicht nur grammatische Formen, viele von ihnen können auch zum Gesprächsanlass genommen werden, z. B. Stadtluft macht frei! (S. 27), Das Leben findet statt ... (S. 62), Immer wieder finden sich Eskimos ... (S. 104), Die guten Bücher sollte man verbieten ... (S. 133) usw.

Materialkiste

In der Materialkiste befinden sich Textteile zu einigen Gruppenübungen. Die Teile sind auf verschiedene Seiten verteilt, damit ein KTN keinen Einblick in den Text eines anderen bekommt. Auf diese Weise soll gesichert sein, dass der Informationsaustausch mündlich erfolgt.
Hinzu kommen Liedtexte, die in Zusammenhang mit den Themen einiger Kapitel stehen. Sie können fakultativ behandelt werden.

Übungen zum Leseverstehen (LV)

Der KL muss davon ausgehen, dass die KTN unterschiedliche Interessen haben und er wird entsprechende Lesetexte für die Klasse auswählen. Auch aus diesem Grund sollten die Kapitel 8, 14, 17 und Texte in anderen Kapiteln nur je nach Interesse der KTN behandelt werden.

In manchen Kapiteln erscheinen kleine Texte, z. B. „Einwohnerzahlen" (S. 29) oder „Deutschland und Österreich" (S. 50), die keine Aufgaben zur Textarbeit haben. Die Texte dienen als kleine, meist landeskundliche Informationsangebote, die sich an den interessierten Leser wenden und je nach Situation in der Klasse besprochen werden können.

Bei anderen Texten gibt es unterschiedliche Aufgaben zur Textarbeit. Der KL sollte nach diesen Aufgaben je nach Interesse der KTN und Schwierigkeitsgrad des Textes versuchen, die KTN zu einem Detailverständnis der Texte zu führen.

Manche Lesetexte enthalten gleichzeitig Ergänzungsübungen, wie z. B. S. 26, Übung 6 oder S. 63, Übung 6 usw. Es empfiehlt sich, zunächst die Ergänzungsübungen durchzuführen und anschließend den Text als solchen zu behandeln.

Benutzung des Internets

Soweit es möglich ist, sollten landeskundliche Informationen auch aus dem Internet bezogen werden, sei es, dass es im Unterrichtsgebäude einen PC mit Internet-Anschluss gibt, sei es, dass KTN selbst über einen Zugang verfügen. Einzelne Hinweise dazu gibt es im Lehrbuch: S. 14, 95, 111. Das Informationsangebot für die deutschsprachigen Länder übersteigt zwar bei weitem die begrenzten Möglichkeiten des Grundstufen-unterrichts, das Surfen nach bestimmten Themen trägt jedoch oft zur Motivation der KTN bei und beinhaltet automatisch eine Leseübung. Institutionen für Deutsch als Fremdsprache, wie zum Beispiel das Goethe-Institut, haben auf ihrer Website entsprechende Links.

Tests

Im Lehrerhandbuch gibt es Test-Vorschläge zur Überprüfung von Grammatik und Wortschatz. Diese Tests können KL und KTN jeweils nach zwei Kapiteln über den Lernfortschritt informieren. Da es sich um keine Prüfungteile handelt, wurde auf ein Benotungsschema verzichtet.

Die Tests dürfen für den Gebrauch im Unterricht fotokopiert werden.

Vorbereitung zum Zertifikat Deutsch (ZD)

Ein Sprachkurs sollte etwas Anderes sein als ein Vorbereitungskurs auf eine bestimmte Abschlussprüfung. Wie jeder Unterricht wird auch der Standardunterricht für Anfänger neben der Behandlung allgemeiner Fertigkeiten auf die besonderen Interessen der KTN eingehen, wobei diese normalerweise mit den meisten der obligatorischen Themenfelder der Zertifikatsstufe wie z. B. tägliches Leben, Arbeit und Beruf, Freizeit und Unterhaltung identisch sind.

Es lässt sich trotzdem nicht vermeiden, dass KTN von einem Grundstufenkurs auch eine Vorbereitung auf die ZD-Prüfung verlangen. Es empfiehlt sich daher, mit geeignetem Material die KTN gezielt auf die ZD-Prüfung vorzubereiten, z. B. R. Dittrich, E. Frey, *Training Zertifikat Deutsch*, Max Hueber Verlag bzw. S. Dinsel, M. Reimann, *Fit fürs Zertifikat*, Max Hueber Verlag. Modell- und Übungssätze zum ZD sind auch beim Goethe-Institut in München, beim Österreichischen Sprachdiplom in Wien und bei der Weiterbildungs-Textsysteme GmbH in Frankfurt zu erhalten. Trainingsmaterial für Prüfer zum schriftlichen und mündlichen Ausdruck ist über Verlagsauslieferung Max Hueber (VMH) erhältlich:
Max Hueber Verlag
Max-Hueber-Straße 4
85737 Ismaning

Zudem gibt es in *plus deutsch*, vor allem in dem vorliegenden 3. Band, Übungsformen, die im Rahmen der einzelnen Kapitelthemen auf die Prüfungsaufgaben vorbereiten. Zusätzlich werden in diesem Lehrerhandbuch ein Zwischen- und Abschlusstest angeboten, die in ihrer Struktur und dem Benotungsschema der ZD-Prüfung entsprechen (vgl. hier S. 104ff.).
Die Tests dürfen für den Gebrauch im Unterricht fotokopiert werden. Die HV-Teile befinden sich auf einer gesonderten Cassette.

Hinweise zu den Kapiteln

IM RÜCKSPIEGEL

Das Kapitel beinhaltet einen auszugsweisen Rückblick auf *plus deutsch 2*, stellt aber keine Form von Einstufungstest dar. Dafür kann der Abschlusstest im Lehrerhandbuch zu *plus deutsch 2* herangezogen werden.

Das Kapitel sollte vor allem dann im Unterricht behandelt werden, wenn es viele neue KTN gibt bzw. wenn es zwischen dem Unterrichtsende nach Band 2 und dem Beginn mit dem vorliegenden Band eine große Pause gegeben hat.

Die ersten drei Übungen bieten den KTN die Möglichkeit, untereinander ins Gespräch zu kommen. Je nach Situation kann eine der Übungen zur Abwechslung nach den Wiederholungen zur Grammatik ausgewählt werden, z. B. Übung 3 nach Übung 8.

Übung 1

Bei der Übung handelt es sich nur um eine unter vielen Möglichkeiten, die KTN vorzustellen. Der KL sollte bei Interviews von Anfang an darauf achten, dass der Interviewte nicht der direkte Tischnachbar ist, sondern die KTN gleich von Beginn des Unterrichts an ermutigen, sich einen Partner irgendwo in der Klasse zu suchen. Es empfiehlt sich, dass der KL die KTN aufstehen und zusammen kommen lässt und erst dann die Übung erklärt. Aus dieser Situation ist es weniger einschüchternd einen Partner zu suchen.

Übung 2

Die KTN stehen auf, gehen umher und suchen sich einen beliebigen Partner (à la Cocktailparty). Sie sprechen miteinander, bis sie drei Gemeinsamkeiten finden, wobei der KL erklären muss, dass Teilnahme an der Klasse nicht Bestandteil der Gemeinsamkeiten sein darf. Der KL sollte in die Gespräche nicht eingreifen, sondern nur darauf achten, dass Deutsch gesprochen wird. Beim Berichten im Plenum ermuntert der KL die KTN, die Berichtenden mit Fragen zu unterbrechen.

Zum Sich-Kennenlernen kann auch gemeinsam folgendes Ratespiel durchgeführt werden:
Der KL schreibt vier Zahlen an die Tafel, die in seinem Leben eine Rolle spielen bzw. gespielt haben. Die KTN stellen Fragen bzw. versuchen zu erraten, was die Zahlen bedeuten. Der KL beantwortet die Fragen bzw. erklärt die Bedeutung, z. B.
1992 (Geburtsjahr eines Kindes) – 80 (Alter des Vaters) – 43 (Hausnummer) – 17871 (Telefonnummer).
Anschließend schreiben die KTN ihrerseits vier Zahlen auf und führen das Gespräch untereinander in Kleingruppen durch.

Übung 3

Der KL sollte am Tag vorher die KTN bitten, ein Foto mitzubringen, das ihnen etwas bedeutet, d. h. ohne konkrete Angabe über den Inhalt der Bilder.
KTN zeigen einander in Zweier- oder Kleingruppen ihre Fotos und geben erklärende Kommentare ab, wobei die anderen Fragen stellen. Bei dieser Übung ist es besonders ratsam alle KTN stehend sprechen zu lassen, damit eine

fließende Umgruppierung jede Zeit möglich und leicht durchführbar ist. Auf diese Weise können freiwerdende KTN (nach einem beendeten Gespräch) leicht einen anderen Partner finden bzw. sich zu einer anderen Gruppe gesellen.
Nach dieser Übung (und jeder anderen dieser Art) ist es sehr reizvoll, wenn dann im Plenum der KL fragt: *Wer hat etwas besonders Interessantes gehört? Erzählen Sie!*
Auch möglich wäre eine Frage zur Ausdrucksfähigkeit: *Wer hat etwas sagen wollen und nicht gewusst wie?*

Übung 4

Die Übung ist kapitelunabhängig und kann je nach Situation an anderer Stelle durchgeführt werden. Vom Inhalt her passt sie besonders zu Kapitel 17. Sie sollte in Kleingruppen durchgeführt werden und dient vor allem dem Zweck, die KTN an diese Form der Zusammenarbeit zu gewöhnen.

Lösungsmöglichkeit: Nicht-deutsche Sprachen – deutscher Sprecher – Antwort – Kommentar aus dem Off (*Schön, wenn Sie ...*)

Übung 7

Die Übung kann mit einem kurzen Gespräch zum Thema Kino eingeleitet werden. *Gehen Sie gerne ins Kino? Wann waren Sie zum letzten Mal im Kino? Welcher Film / Welche Filme laufen zur Zeit? Kennen Sie einen deutschen Film?*

Lösung:
Die Ehe <u>der</u> Maria Braun
Die Angst des Tormann<u>s</u> vor dem Elfmeter
Ich denke oft <u>an</u> Piroschka

Übung 8

Einleitend kann folgendes Übungsspiel durchgeführt werden:
Der KL fragt einen KTN: *Kann ich kurz Ihren/deinen Kuli (Buch, Bleistift usw.) haben?* Auf diese Weise sammelt der KL Gegenstände ein. Danach wenden sich die KTN mit der Bitte an den KL: *Können Sie mir bitte meinen Kuli wiedergeben?* Statt des KL können auch die KTN diese Rolle sprechen.
Nach der Übung könnte zur Abwechslung von den Wiederholungen zur Grammatik Übung 2 oder 3 an dieser Stelle durchgeführt werden.

Lösung: 1. mir den Wagen 2. der Sekretärin den Schlüssel 3. mir den Satz 4. es dir 5. ihr das (da *das* ein Demonstrativpronomen ist)

„immer höher" von Ernst Jandl, S. 12
Das Foto, S. 12, zeigt eine Skulptur, eine Art Treppe, im Hofe eines Verwaltungskomplexes. Es gibt in Deutschland ein Gesetz, wonach bei allen öffentlichen Bauaufträgen Mittel für Werke bildender Künstler vorgesehen sind (Kunst am Bau). Bis 1994 waren es 2% der Bausumme, danach wurde die Summenfestlegung aufgehoben.
Eine Übungsmöglichkeit besteht darin, dass der KL das Gedicht auf einer Folie vergrößert und diese projiziert. Bei der Projektion sollten nach und nach immer nur die mit Großbuchstaben gedruckten Zeilen zu sehen sein; die KTN ergänzen dann mündlich oder schriftlich die jeweils folgenden Zeilen.

Ernst Jandl (1925–2000), österreichischer Lyriker, Autor und Lehrer.

Der Mann im Mond
Die Gebirgsformationen, die man bei Vollmond erkennen kann, wurden früher als ein Gesicht interpretiert.
Der Mensch auf dem Mond bezieht sich auf die Landung des Menschen auf dem Mond.

Übung 9

Die Übung kann individuell durchgeführt werden, besser ist jedoch eine Arbeit in Kleingruppen, damit sich die neuen KTN an diese Übungsart gewöhnen und sich beim Wortschatz gegenseitig helfen können. Der KL sollte darauf achten, dass bei einer Arbeit in Gruppen ein Konsensergebnis zustande kommt. Er sollte eine Begründung für die gewählten Gegenstände verlangen.
Der Übung kann eine HA folgen, bei der jeder KTN 5 bis 10 Gegenstände auswählt und seine Entscheidung begründet.

KAPITEL 1

Das Kapitel behandelt das Thema Wohnen auf dem Land, in der Klein- und Großstadt. Es bietet für die KTN viele einfache Möglichkeiten, die eigene Meinung einzubringen, vom eigenen Land zu berichten, kleine Diskussionen durchzuführen usw.

Für die Vergleiche wird die Komparation benötigt und es bietet sich eine Wiederholung der Adjektivendungen an. Daneben werden das Relativpronomen im Nominativ und *wo, was, wer* als Relativpronomen eingeführt.

Zur Einführung bzw. Vorentlastung dieses Themas kann im Plenum ein Assoziogram entwickelt werden, indem die KTN Wörter sammeln, die ihnen zu Kleinstadt oder Großstadt (vgl. hier S. 6) einfallen. Eine andere Möglichkeit besteht darin, dass der KL Wörter wie *Krankenhaus, Universität, Kino* vorgibt, die die KTN den Begriffen *Kleinstadt – Großstadt* zuordnen müssen. Ggf. können dabei bereits die unbekannten Nomen und Adjektive von Übung 2 eingeführt werden.

Eine andere Form der Vorentlastung besteht in einem kurzen Gespräch zwischen KL und KTN zum Eingangsfoto und den Kleinstadtfotos auf S. 16: Fragen wie *Möchten Sie dort wohnen?*, *Warum (nicht)?*, Vermutungen über die Einwohner und den Alltag in den abgebildeten Orten usw.

Die Begriffe Klein- und Großstadt sind bei einem internationalen Vergleich nicht eindeutig definiert. In Deutschland ist eine Stadt von 100 000 Einwohnern bereits eine Großstadt, eine Kleinstadt kann ein Ort mit 8000 Einwohnern sein, was woanders ein mehr oder weniger unbekanntes Dorf ist. Dasselbe gilt für das Angebot von Stadt und Land und damit auch für eine Stadt von 8000 Einwohnern. In Deutschland kann eine solche durchaus eine Oberschule, ein Krankenhaus, ein Kino, Cafés, internationale Restaurants, Buchhandlungen, zwei, drei Supermärkte und Mode- und Einrichtungsgeschäfte haben. Zeitungen und Zeitschriften erscheinen zum selben Zeitpunkt wie in der Großstadt.
Bei einer Wortschatzübung zum Thema Groß- und Kleinstadt, z. B. in Form einer tabellarischen Zuordnung, muss immer geklärt werden, auf welches Land bzw. welchen Kulturkreis sich die Übung bezieht.

Die folgende Zuordnungsübung kann zur Einführung in den Themenkreis Klein- und Großstadt, aber auch an anderen Stellen der ersten beiden Kapitel durchgeführt werden, z. B. Kapitel 2 nach Übung 13. Der KL kann die Wortliste kopieren und in der Klasse verteilen oder als Folie verwenden.

Was denken Sie, welches Angebot Sie in einer deutschen Kleinstadt mit ca. 8000 Einwohnern finden?

- KFZ-Reparaturwerkstatt
- Apotheke
- Autobahnanschluss
- Mittelschule/Realschule
- Kirchen
- führende deutsche Tageszeitungen
- Theater
- Café

- Autoverleih
- Kinderarzt
- Bahnhof
- Oberschule/ Gymnasium
- Moschee
- Tennisplätze
- Sportverein
- Hotel
- Disko

- Supermarkt
- Krankenhaus
- Busverbindungen
- Volkshochschule
- internationale Zeitschriften
- Schwimmbad
- ausländisches Restaurant

Lösung: Folgendes Angebot ist in der Kleinstadt normalerweise nicht vorhanden: Autoverleih – Kinderarzt – Autobahnanschluss – (Bahnhof) – Volkshochschule – Moschee – intern. Zeitschriften – Schwimmbad – Theater – ausländisches Restaurant

Eingangsgespräch

Nach mehrmaligem Hören sollten die KTN versuchen, Sätze bzw. Satzteile nachzusprechen. Anschließend kann das Gespräch mit verteilten Rollen von KTN gelesen werden.
Hörtext in deutscher, österreichischer und schweizerischer Fassung. In der Schweizer Fassung *Auto* statt *Wagen.*

Übung 1

Der HV-Text bringt noch keine Formen zur Komparation, er kann sofort zu Beginn des Kapitels eingesetzt werden.

Lösung:

1. ja 2. ja 3. nein 4. ja 5. ja 6. ja
7. nein 8. nein 9. ja 10. ja 11. ja 12. ja

Übung 2

Die Übung kann nach einer kurzen Einführung durch den KL sofort von KTN in Zweiergruppen durchgeführt werden.
Zur Durchführung der Übung ist es nötig, dass den KTN die vorgegebenen Nomen und Adjektive bekannt sind.

Die Fotos stellen eine willkürliche Auswahl von Stadtansichten dar, sie sind nicht unbedingt landschaftsgebunden. Alte Fachwerkgebäude sind noch überall in Deutschland, Österreich und der Schweiz zu sehen, dsgl. Reste von Burgen und Stadtmauern. Eine Ausnahme stellen hier Schärding und Wasserburg dar. Beide Städtchen liegen am Inn, ein Fluss, der früher für den Handelsverkehr mit Oberitalien wichtig war. Die Architektur (bei den Fotos vor allem Wasserburg) zeigt deutlich Stilelemente, die auf Oberitalien hinweisen.

Bautzen: s. dazu Karte, S. 102

Die Steigerung / Komparation

Bei der Besprechung der Übersicht sollte der KL noch nicht auf die attributive Anwendung eingehen, sondern sich zunächst auf die adverbiale bzw. prädikative beschränken.

Übung 3

Die Übung sollte an dieser Stelle im Plenum durchgeführt werden. Wenn vorher die Komparation besprochen wurde, eignet sie sich auch als HA.

Übung 4

Die Übung sollte zur Vorentlastung für Übung 5 individuell oder in Kleingruppen durchgeführt werden. Sie eignet sich auch als HA.

Übung 5

Die Übung sollte in der Klasse erklärt und die Reihenfolge der angegebenen Punkte besprochen werden. Der Brief selbst sollte dann zu Hause geschrieben werden. Mitunter könnte es reizvoll sein, wenn die KTN einander einen Brief schreiben, den sie sich dann per Post zuschicken.

Gartenzwerge

Sie finden sich auf dem Land und in Kleinstädten in vielen (Vor-)Gärten und erinnern an gute Geister wie die Heinzelmännchen, die der Sage nach einst Haus- und Gartenarbeit übernommen haben. Zum ersten Mal wurden sie Ende des 19. Jh. in Thüringen hergestellt, heute kommen sie auch aus sogenannten Billig-Lohn-Ländern nach Mitteleuropa.

Übung 6

Vielleicht ist es nötig, vor Beginn der Übung einige Interviewfragen im Plenum zu formulieren. Das ist besonders der Fall, wenn es neue KTN gibt, die diese Übungsform noch nicht gewohnt sind.

Übung 8

Die Übung ist kapitelunabhängig und sollte nur bei Interesse der KTN und zur Entspannung spielerisch durchgeführt werden.

Ist das richtig?

Die Antwort heißt natürlich *nein*, es gibt keinen Plural von Muh.

Norddeutsches Bauernhaus

Viele traditionelle norddeutsche Bauernhäuser haben über der Eingangstür einen Spruch bzw. eine Inschrift. Dies beruht auf einer alten Tradition von magischen Glücks- und Segenssprüchen zum Schutz gegen bösen Einfluss von außen. Für die Sprüche wird meistens das Niederdeutsche (Plattdeutsch) oder ein regionaler Dialekt benutzt. Die abgebildete Inschrift heißt auf Hochdeutsch: „Gott nimm dieses Haus in deine Hut (Schutz), damit alles Böse draußen bleibt." Thiede ist ein Familienname.

Übungen 9 bis 11

Die Übungen verlangen die Beherrschung der Adjektivendungen für die attributive Anwendung des Komparativs und Superlativs. Ggf. sollte eine kurze

gesprächsweise Wiederholung der Adjektivendungen vorgeschaltet werden z. B. in Form von kurzen Personenbeschreibungen in der Klasse: *Marianne hat dunkle Haare, sie trägt einen schönen Pullover und eine weite Hose.*
Übung 9 kann in Zweiergruppen, Übung 10 sollte als HA durchgeführt werden.
Übung 11 dient der Anwendung der attributiven und prädikativen Formen der Steigerung.

Übung 10

Lösung: 1. bessere 2. größeres 3. neueren – allerneueste 4. Besseres 5. schönste 6. besten 7. besten 8. nächste 9. früheren 10. nächsten 11. späteren – letzte

Übungen 12 bis 14

Diese Übungen zum Relativpronomen können zu einem späteren Zeitpunkt behandelt werden. Es sollte jedoch in Hinblick auf das Leseverständnis in den folgenden Kapiteln nicht zu lange damit gewartet werden.
Ein netter Einstieg ist das folgende Ratespiel, das im Plenum durchgeführt werden kann. Der KL beginnt, indem er ein sichtbares Objekt auswählt ohne zu sagen, welches es ist, er nennt lediglich die Farbe. *Ich sehe etwas, was du nicht siehst, und das ist (z. B.) weiß.* Die KTN müssen raten und sobald ein KTN die richtige Antwort gefunden hat, übernimmt er die Frage.

Der Relativsatz – das Relativpronomen

Die Einführung des bestimmten Artikels als Relativpronomen sollte auf die Nominativform beschränkt bleiben.

Übung 12

In Teil 1 soll der Stadtname *München* beliebig ausgetauscht werden.
Im Hochdeutschen muss es eigentlich heißen ... *das Haus, in dem ich gewohnt habe.*
Umgangssprachlich ist jedoch vielfach das Relativpronomen *wo* üblich.

Georg Büchner (1813–1837) studierte Medizin und Philosophie und wurde vor allem durch seine sozialkritische Flugschrift „Der hessische Landbote" bekannt, woraufhin er nach Straßburg und Zürich fliehen musste. Sein Hauptwerk „Dantons Tod" ist eine mit scharfem Realismus gestaltete Revolutionstragödie. Die Tragödie „Woyzeck" wurde zur Vorlage für Alban Bergs Oper (1925) und Werner Herzogs Film (1978).

KAPITEL 2

Das Kapitel schließt sich inhaltlich an das vorherige an, Schwerpunkte bilden die persönliche Wohnsituation und Bevölkerungszahlen in Weltmetropolen und in Deutschland. Eng damit verbunden ist die Verkehrssituation, die vor allem durch das Auto bestimmt ist.

Auch grammatisch wird das Eingangskapitel fortgeführt: Es werden weitere Aspekte der Komparation behandelt und neben den bisher bekannten Anwendungsmöglichkeiten des Konjunktivs II dessen Benutzung in der spekulativen Rede, bei Hypothesen bzw. bestimmten Formen der Stellungnahmen eingeführt.

Der Unterricht kann mit einer kurzen Beschreibung des Eingangsfotos beginnen bzw. mit einem Gespräch zur dargestellten Situation (Vermutungen zu Wohn- und Verkehrsbedingungen usw.), wobei auch die persönliche Situation der KTN (Wohnen, Fahrt zum Arbeitsplatz) zur Sprache kommen sollte.

Das weitere Vorgehen bleibt zunächst dem KL überlassen. Möglich wäre es, das Eingangsgespräch – neben der im Buch vorgegebenen Reihenfolge – nach Übung 1 bis 4 zu behandeln. Wenn es vor allem um die Fortsetzung der Grammatik aus Kapitel 1 geht, kann sofort mit Übungen 6 und 7 begonnen werden, woran sich die Erklärung der Tabelle „Vergleiche" anschließen kann.

Eingangsgespräch
Hörtext in deutscher, österreichischer und schweizerischer Fassung. In der Schweizer Fassung *Zug* statt *Bahn*.

Übung 1

Die Übung ist kapitelunabhängig, steht aber in Zusammenhang mit den folgenden Übungen. Vor der Übung muss der KL die vorgegebenen Wörter erklären.

Der KL sollte darauf achten, dass die Beschreibung in kleinstmöglichen Schritten geschieht, d. h. die Fortsetzung des Beispielsatzes heißt nicht ... *und öffne die Tür*, sondern ... *drehe ihn nach rechts* ...

Die Übung sollte als HA durchgeführt und anschließend nach Vergleich mit dem Sitznachbarn im Plenum besprochen werden.

Übung 2

Die Übung ist kapitelunabhängig, passt jedoch zum Thema Auto und Verkehr. Es soll versucht werden, so genau wie möglich wiederzugeben, was gehört wurde. Die Übung kann zunächst im Präsens durchgeführt werden, sollte aber anschließend auch als Bericht wiedergegeben werden. Zumindest ein Teil der Übung sollte im Plenum durchgeführt werden, die Weiterführung kann in Kleingruppen geschehen.

Der Text sollte mindestens zweimal vorgespielt werden, wobei sich die KTN erst beim zweiten Durchgang Notizen machen sollten.

Die Geräusche deuten an bzw. geben wieder:

Unterhaltung von Mann und Frau am Esstisch, Tassengeklapper, Radiomusik
Abschiedssätze
Tür auf und zu, Schuhgeklapper die Treppe runter
Tür aufschließen, Tür auf und zu
Hundegebell, Sprache von einem Mann
Öffnen einer quietschenden Tür
Öffnen und Schließen einer Wagentür
Motor anlassen, dann Radiomusik, Gang einlegen, Reifengeräusch
Straßengeräusche, Gehupe, Reifen quietschen, Zusammenstoß

Wagentür öffnen, schließen
Jemand fängt an zu brüllen
Pistolenschuss
Auto fährt
Polizeiauto mit Sirene kommt (Tatütata)
Gemurmel / Polizeilautsprecher / Kommentare von Menschenmenge

Übung 3

Die Verkehrsschilder bedeuten (von links nach rechts, von oben nach unten):

Achtung, Schleudergefahr – Vorfahrt geben – Verbot für alle Fahrzeuge – Einbahnstraße – verkehrsberuhigte Zone – vorgeschriebene Fahrtrichtung – Fußgängerüberweg – Ampel kommt – Vorfahrt für den Gegenverkehr – Überholverbot – Verbot für Motorräder – vorgeschriebene Fahrtrichtung – Verbot der Einfahrt – Umleitung – vorgeschriebene Fahrtrichtung
Die Erklärung der Verkehrsschilder kann zur Festigung der Modalverben benutzt werden: *Hier muss man ... / Hier darf man ... / Das Schild zeigt, dass ...* usw.

Detail eines Brunnens in Konstanz
Der Brunnen liegt an einer verkehrsreichen Durchgangsstraße in Konstanz und beinhaltet Figuren und Reliefs, die vielfach etwas mit der Stadtgeschichte zu tun haben. Weitere Motive sind Baden (im Brunnen), Auto und Verkehr.

Ohne Auto ...
Der KL soll die KTN ermuntern das Gedicht auswendig zu lernen bzw. vorzutragen.

Übung 4

Das Foto zeigt die Luftaufnahme eines Altstadtteils von Salzburg mit einem darüber montierten Autobahnkleeblatt. Damit soll der Bodenverbrauch einer Verkehrsanlage im Vergleich zu einer historisch gewordenen Stadt gezeigt werden. Der HV-Text ist sehr kurz, die Zahlen sehr gedrängt. Es kommt darauf an, die Zahlen bei der Aufzählung mitzuschreiben, wobei es ggf. nötig ist, den Text zwei- oder dreimal vorzuspielen.
Hörtext in deutscher, österreichischer und schweizerischer Fassung.

Übung 5

Die Übung stellt ein Gegengewicht zu den vielen bisherigen Übungen dar, die mit dem Auto zu tun haben, sie ist kapitelunabhängig und kann bei jeder sich bietenden Gelegenheit durchgeführt werden.

Übung 6

Ob Mexiko Stadt oder eine andere die größte Stadt der Welt ist, lässt sich wohl nicht genau feststellen, die Zahlen ändern sich täglich und für wirklich genaue Zahlen fehlen statistische Grundlagen.
Die Übung eignet sich als HA, die Tabelle *Vergleiche* muss vorher in der Klasse besprochen werden. Zur Vorentlastung der HA kann die Übung auch in der Klasse durchgeführt werden, ohne dass sich die KTN Notizen machen.

Lösung: weniger – mehr – mehr – schneller – mehr – genauer – mehr

Vergleiche
Im Zusammenhang mit der Tabelle kann der KL in der Klasse eine Übung durchführen, bei der KTN verglichen werden: *Bernd ist größer als Joe. Markus ist so groß wie Jimmy.*

Übung 8

Lösung: als – als – wie – wie – als – immer – als – immer – immer

Stadtluft macht frei
– Rechtsgrundsatz aus dem Mittelalter –. Wenn sich leibeigene Bauern (im Besitz des Grundherrn) in eine Stadt geflüchtet und sich dort ein Jahr aufgehalten hatten, ohne vom Grund- bzw. Feudalherrn zurück geholt zu werden, wurden sie

zu Freien. Auch in der heutigen Welt ist die (Haupt-)Stadt der meisten Ländern Ziel vieler Landbewohner, weil sie sich dort Arbeit und bessere Lebensbedingungen erwarten. Heute verwendet man den Satz gelegentlich, um auszudrücken, dass das Leben in der Stadt freier und ungebundener ist als auf dem Land.

Projekt einer Hochhaus-Stadt
Die Abbildung zeigt deutlich die Wurzeln für die moderne Stadtplanung nach dem 2. Weltkrieg.

Ludwig Hilberseimer (1885–1967), Architekt, Lehrer am Bauhaus, 1936 Emigration in die USA.

Übung 9

Die Übung kann mit einigen Hinweisen des KL auf das Hausfoto eingeleitet werden, z. B. *Das Haus gehört meinem Freund, das Haus hätte ich auch gern. – In dem Haus hat mein Freund eine Wohnung. Dort hätte ich auch gern eine Wohnung. – In dem Haus wohnt mein Freund. Dort würde ich auch gerne wohnen.*
Die Übung ist als Strukturübung mit vier Phasen aufgebaut, wobei im 1. Teil die Formen *hätte* und *wäre* wiederholt werden und im 2. Teil der Konjunktiv II (*würde* + Infinitiv) automatisiert wird.
Wenn die Klasse solche Strukturübungen nicht gewöhnt ist, muss der KL deren Ablauf zunächst erklären und probeweise einüben.

Der Konjunktiv II
Der KL sollte sich hier zunächst auf die hier aufgeführten Anwendungsmöglichkeiten des Konjunktiv II beschränken. Ggf. ist es einfacher die Situation der spekulativen Rede und der hypothetischen Stellungnahme (*Wenn ich du wäre, ...*) statt der irrealen Bedingung zu erklären. Nachdem in *plus deutsch 1* und *2* erklärt wurde, dass der Konjunktiv II einen Wunsch ausdrückt (*Ich hätte gern eine Wohnung.*), sollte der KL zunächst bei dieser Erklärung bleiben und nicht von einem irrealen Wunsch sprechen.

Klaus Staeck, geb. 1938, Rechtsanwalt, produziert politische Plakate, Karikaturen, Postkarten, Aufkleber, Collagen

Albrecht Dürer (1471–1528), Maler, Grafiker, Kunstschriftsteller. Hier: Porträt seiner Mutter

Übungen 11 bis 14

Der Blick wird auf die persönlichen Situationen gelenkt. Je nach Situation kann aber auch der Text „Einwohnerzahlen" und die Grafik „Die eigenen vier Wände" vorgezogen werden. In Zusammenhang mit den Einwohnerzahlen und Begriffen wie Klein- oder Großstadt hinsichtlich Lebensqualität und Serviceangebot vgl. die Tabelle zu Kapitel 1, hier S. 13.

Übung 11

Die Übung kann sich als Partnerübung direkt an Übung 10 anschließen. Je nach Situation kann der KL jedoch zunächst auch die Tabelle *Der Konjunktiv II* besprechen.

> *Lösung:*
> *1. Würdet ... ziehen 2. würden ... tun / machen 3. würde ... annehmen 4. würdest ... tun / machen 5. würde ... arbeiten*

Nördlingen: Auf der Luftaufnahme von Nördlingen wird die mittelalterliche Struktur der Stadt besonders deutlich, die alte ringförmige Stadtmauer ist genauso zu erkennen wie der Stadtmittelpunkt mit der Kirche.

Übung 14

Diese Übungsform kommt hier zum ersten Mal vor. Es empfiehlt sich, dass zunächst der KL die Partnerrolle übernimmt, zumal er dabei auch die Gelegenheit hat, das Gespräch und den KTN zu leiten. Nachdem das Gespräch zwischen KL und einem KTN stattgefunden hat, sollten die KTN untereinander versuchen, die Übungen zu wiederholen. Die KTN dürfen nicht in die Tabelle ihrer Partner schauen. Dieser Übungstyp ist auch Teil der mündlichen Prüfung im Zertifikat Deutsch (ZD), wo der Prüfer die Rolle des Gesprächspartners übernimmt.

Der Hauptgrund für das niedrige Wohneigentum in Deutschland liegt in den hohen Preisen für das Bauland.

KAPITEL 3

Im Zentrum des Kapitels steht ein Auszug aus Peter Bichsels Erzählung „Amerika gibt es nicht" und damit zusammenhängend einige Aspekte des europäischen Aufbruchs in die neue Welt, nach Amerika.

Der Genuese Christoforo Colombo (deutsch: Christoph Kolumbus), Seefahrer in spanischen Diensten (span. Cristóbal Colón), gilt als Entdecker Amerikas. Er landete am 12.10.1492 mit drei Caravellen auf der mittelamerikanischen Insel Guanahani.

Bei der Grammatik wird, der Geschichte von Peter Bichsel folgend, das Präteritum behandelt und das Plusquamperfekt eingeführt.

Übungen 1 und 2

Zur Vorentlastung kann der KL ein kurzes Gespräch über die Entdeckung Amerikas führen und dabei erfahren, was die KTN darüber wissen. Danach kann anhand der Eingangszeichnung eine kurze Bildbeschreibung versucht werden.

Übung 1

Eine andere Übungsform besteht darin, dass der KL die Sätze (ggf. vergrößert) kopiert und auseinander schneidet. Jeder KTN bzw. jede Arbeitsgruppe bekommt alle Sätze A bis J, bringt sie in die gewünschte Reihenfolge und ordnet sie der Zeichnung zu. Mit den beweglichen Einzelsätzen lässt es sich leichter arbeiten und revidieren als mit Markierungen im Buch. Der KL geht von Gruppe zu Gruppe und gibt ggf. semantische Hinweise.

Das Präteritum der gemischten Verben braucht nicht vorweg behandelt zu werden. Es wird mit den Übungen 1 und 2 eingeübt und kann anschließend mithilfe der Tabelle besprochen werden.

Im Zusammenhang mit dem Präteritum und dem Thema Reisen kann der KL das Gedicht „Die Ameisen" vortragen und empfehlen, es auswendig zu lernen; es kommen verschiedene Formen der Präteritumsbildung vor.

Joachim Ringelnatz, Die Ameisen

In Hamburg lebten zwei Ameisen,
Die wollten nach Australien reisen.
Bei Altona auf der Chaussee
Da taten ihnen die Beine weh,
Und da verzichteten sie weise
Auf den letzten Teil der Reise.

Joachim Ringelnatz (1883–1934), Schriftsteller, Kabarettist. Gedichte in einer Mischung aus Absurdem und Tiefsinn, Groteske und Satire, im Moritaten- und Bänkelsängerton.

Die Entdeckung Amerikas
Zum Namen Amerika s. Lehrbuch S. 40.

Übung 2

Lösung: J – H – C – I – A – G – F – D – E – B

Übung 3

Amerika gibt es nicht
Der Text kann gemeinsam gelesen und danach Übung 3 durchgeführt werden. Je nach Interesse der KTN kann der Text auch mit den überlieferten historischen Tatsachen verglichen werden. Der Text eignet sich auch als Vorlage für eine Nacherzählung.

Peter Bichsel, geb. 1935 in Luzern, Autor

Übung 4

Basis für die Übung ist der Text von Bichsel, von den KTN wird jedoch zusätzliche Fantasie und Fabulierkunst gewünscht. Die KTN sollten dabei mit ihrem aktiven Wortschatz auskommen. Ggf. lässt sich die Übung als HA wiederholen, wo die KTN dann ihr Wörterbuch benutzen können.

Übung 5

wenn und *als* können als bekannt vorausgesetzt werden, wenn auch nicht mit allen Anwendungsmöglichkeiten. Die Übung gibt Auskunft über die richtige Anwendung, woraus sich dann weitere Erklärungen zur Anwendung (*immer, wenn ...*) mithilfe der Tabelle ergeben.

Übung 6

Die Übung dient zur Vorbereitung für die Erklärung zur Verwendung des Plusquamperfekts mithilfe der folgenden Tabelle.

Graffito
Das Graffito mit dem „grammatischen" Schlenker *no plusquamperfekt* geht von dem Slogan „No future!" aus, von dem Ausdruck der No-Future-Generation, der in den frühen Neunzigern seine Runde machte.

Übungen 9 bis 11

Alexander von Humboldts Reiseweg
Es handelt sich hier um fakultative Teile. Es wird vom Interesse der KTN (nicht des KL), deren Können und der zur Verfügung stehenden Zeit abhängen, ob Text und Übungen behandelt werden.
Als Vorbereitung auf die Beschreibung der Reise Alexander von Humboldts bringen die KTN eine Fotokopie einer Landkarte mit, um zu zeigen, wo sie selbst eine (auch fiktive) Reise gemacht haben. Es werden Zweiergruppen gebildet, wobei der Berichtende seine Karte an den Partner gibt, der die Reise entsprechend dem Bericht auf der Karte einzeichnet und dabei Fragen stellen darf. Anschließend erfolgt Rollentausch.
Fotolegende, Seite 38: polygonal = vieleckig

Maria Sibylle Merian (1647–1717), Malerin, Naturforscherin
Nach Maria Sybille Merian benannt wurde die 1948 gegründete und noch heute bestehende Kulturzeitschrift *Merian* mit Text- und Bildberichten zu Städten, Landschaften und Ländern.

Übung 12

Dieser Aspekt der Wortbildung sollte hier oder an anderer Stelle auch dann in der Klasse behandelt werden, wenn die vorhergehenden Teile mit der Humboldt-Reise weggelassen wurden.

Übung 13

Die Übung stellt eher eine spielerische Herausforderung in Zusammenhang mit dem Thema Europa – Amerika dar.
Zur deutschen Schreibweise der europäischen Ortsnamen:
Luzern – Straßburg (frz.: Strasbourg) – Genf (frz.: Genève) – Bern – Florenz (it.: Firenze) – Warschau (pol.: Warszawa) – Moskau (russ.: MOCKBA) – Wien – München

Das Schild *Paris, Texas* ist einem Autozulassungsschild aus den USA nachempfunden und war Teil des Filmplakates zum gleichnamigen Film von Wim Wenders.

KAPITEL 4

Das Kapitel steht inhaltlich in Verbindung mit dem vorherigen: Werner Herzogs Film über die Konquistadoren, weltweite Entdeckungs- und Forschungsreisen und der internationale Warenaustausch.

Die Übungen zur Grammatik beinhalten Konzessivsätze, die Umwandlung von Nebensätzen in Angaben. Ein zweiter Teil betrifft *werden* + Infinitiv zum Ausdruck eines zukünftigen Geschehens.

Eingangsgespräch

Zur Vorentlastung empfiehlt sich ein kurzes Gespräch über Kinobesuch und Filme.
Was läuft zur Zeit im Kino? Gehen Sie oft ins Kino? Wann das letzte Mal? Lieblingsfilme? Filme im Fernsehen und Kino – Vor- und Nachteile?
Das Eingangsgespräch beinhaltet viele nützliche Redewendungen für Gespräche, in denen Entscheidungen getroffen werden sollen. KL und KTN können diese Wendungen gemeinsam suchen. Wenn die KTN ein thematisch orientiertes Phrasenheft führen, sollten dort einige Sätze aufgenommen werden.

Hörtext in deutscher, österreichischer und schweizerischer Fassung. In der österreichischen Fassung *wann* statt *wenn*, *Schilling* statt *Mark;* in der Schweizer Fassung *Franken.* Ab 2002 gelten für D und A Eurobeträge.

Roland Emmerich, geb. 1953, Regisseur in Hollywood (Godzilla, Independence Day, Stargate, Universal Soldier)

Kaspar Hauser: Film von Werner Herzog über eine historische Person in Nürnberg. Der Filmtitel heißt eigentlich „Jeder für sich und Gott gegen alle" (1974)
Leon: Film von Luc Besson (1994)

Übung 1

Die HV-Übung kann auch als Vorbereitung auf HV-Teil 3 des ZD dienen, die Ansage sollte in diesem Fall nur einmal vorgespielt werden.

Übung 2

Wiederholungsübung zu Adjektivendungen in Zusammenhang mit der Western-Filmszene, eignet sich als HA.

Übung 3

Ausgehend von dem Filmfoto sollten die KTN ihre Fantasie benutzen. Da bei solcher Gelegenheit den KTN meistens viele Wörter fehlen, eignet sich die Übung als HA, wobei im allgemeinen mit dem Wörterbuch gearbeitet wird. In der Klasse könnte eine Jury gebildet werden, die über den inhaltlich besten / lustigsten / interessantesten / … Text entscheidet.

Das Futur
Die Verwendung von *werden* + Infinitiv zum Ausdruck der Vermutung ist bereits aus Band 2 bekannt und kann als Ausgangspunkt für Erklärungen herangezogen werden. Viele Vermutungen beziehen sich z. B. auf die Zukunft: *Morgen wird es regnen. Er wird gleich kommen.* usw. Daran anschließend kann der KL von den KTN persönliche Zukunftsprognosen erfragen bzw. aufschreiben und vortragen lassen. Auch folgende Variante ist möglich: *Was wird die Zukunft bringen?*
Die KTN schreiben fünf Fragen auf, die die persönliche Zukunft des Partners betreffen. Sie bilden dann Kleingruppen, stellen die Fragen und andere antworten, z. B. *Wo werden Sie im Jahr 2030 wohnen? Welchen Beruf werden Sie haben?* usw. (nur W-Fragen!).

Übung 4

Die Übung ist fakultativ und eignet sich als HA. Damit die KTN ein klares Bild von der Aufgabe bekommen, sollte der Text in der Klasse gelesen und besprochen werden.

Franz Hohler, geb. 1943 in Zürich, Autor von Büchern, Fernsehstücken
Hörtext in schweizerischer Fassung.

Übungen 5 und 6

Die Übungen sind fakultativ und können bei jeder passenden Gelegenheit durchgeführt werden.

Übung 5

Es ist unmöglich, jeden einzelnen KTN berichten zu lassen. Einige berichten, andere kommentieren spontan während des Berichts oder danach. Daraus entwickelt sich allmählich eine Diskussion im Plenum.

Abbildung und Zitat

Karl Valentin (1882–1948) Münchener Volksschauspieler, der vor allem durch seinen vertrackten Humor und hintersinnige Sprüche und Texte populär geworden ist, die sich oft mit Sprache und Hinterfragen von alltäglichen Ausdrucksweisen beschäftigen, z. B. „Fremd ist der Fremde nur in der Fremde." Oder: „Mögen hätten wir schon wollen, aber trauen haben wir uns nicht dürfen."

Übung 7

Mit der Übung wird die Umwandlung von Nebensätzen in Angaben vorbereitet, die Umwandlung selbst wird erst in Übung 8 verlangt. Ggf. ist einigen KTN schon eine Präposition bekannt. Die Bedeutung der drei Präpositionen mit Genitiv sollte während der Übung erklärt und die Übung im Plenum durchgeführt werden.

Lösung: 1. trotz 2. wegen 3. während 4. trotz

Übung 8

Die Übung bietet u. a. weitere Erklärungsmöglichkeiten und sollte ebenfalls im Plenum durchgeführt werden. Ggf. gibt es analytisch orientierte KTN, denen man ein paar Minuten Zeit geben sollte, einige Lösungen individuell zu finden.

Lösung:
1. Teil der Aufgabe
1 und 2, 2 und 4, 3 und 6, 4 und 1, 5 und 5, 6 und 3

Übung 9

Die Tabelle bietet den KTN die Möglichkeit der Überprüfung des Gelernten, sie sollte daher individuell von den KTN in der Klasse ergänzt werden.

Lösung: Konjunktionen: obwohl – während – weil – nachdem – als – bevor

Übung 10

Nachdem die ersten zwei Sätze in der Klasse individuell gelöst und anschließend besprochen wurden, kann die Übung als HA fortgesetzt werden, damit die KTN genügend Zeit haben, sich damit auseinander zu setzen.

Lösung:
1. Aguirre, ein Soldat Pizarros, hatte rebelliert, weil er El Dorado, das Land des Goldes, finden wollte.
2. Obwohl es eine schwere Expedition war, hatte er seine schöne Tochter Isabel mitgenommen.
3. Nachdem die Gruppe lange in den Bergen marschiert war, sah sie endlich einen Fluss.
4. Obwohl die Konquistadoren wochenlang mit einem Floß auf dem Fluss fahren, können sie Eldorado nicht entdecken.

5. Obwohl die Gruppe keinen Menschen sieht, werden sie mit Pfeilen beschossen.

6. Während das Floß auf dem Fluss treibt, sterben nach und nach alle Soldaten.

7. Nachdem auch Isabel gestorben war, wurde ihr Vater Aguirre wahnsinnig.

8. Obwohl der Film das persönliche Schicksal Aguirres schildert, ist er auch eine Parodie des europäischen Kolonialismus.

9. Obwohl es immer wieder Streit zwischen dem Regisseur Werner Herzog und seinem Schauspieler Klaus Kinsky gab, hat ihm Herzog immer wieder eine Hauptrolle gegeben, weil er ein großartiger Schauspieler war.

Buchtitel

Der Buchtitel lautet:
Der erste Deutsche am Rio de la Plata
Utz Schmidl von Straubing.
Zur vierhundertjährigen Wiederkehr seiner Ausfahrt aus der deutschen Heimat.
Herausgegeben und bearbeitet von Max Tepp. Verlag: Die Umwelt. (Buenos Aires, 1934)
Utz (=Ulrich), Straubing ist eine kleine Stadt in Niederbayern an der Donau.

Übung 11

Die Übung knüpft thematisch an die Reise des Kolumbus im vorherigen Kapitel an und bietet Möglichkeiten, die bisher eingeführten Konjunktionen zu wiederholen und zu üben.
Erst werden ein bis zwei Sätze im Plenum, dann weitere ein bis zwei Sätze in Kleingruppen bearbeitet, schließlich den Rest als HA. Die KTN sollten auch alle Sätze von der Plenums- und Gruppenarbeit aufschreiben und auf demselben Blatt die darauf folgenden Sätze als HA schreiben, damit der KL von jedem alle Sätze zum Überprüfen bekommt.
Schlesien: bis 1945 Provinz im Südosten des Deutschen Reiches, vgl. auch Görlitz, S. 98.

Lösung:

1. Wussten Sie, dass schon im 8. Jahrhundert christliche Kaufleute aus Syrien in China Handel getrieben haben?

2. Wussten Sie, dass der chinesische Admiral Zheng He zwischen 1405 und 1422 sieben Meeresexpeditionen bis an die Küsten Ostafrikas durchgeführt hat?

3. Wussten Sie, dass manche der Schiffe Zheng Hes fünfmal länger (waren) als die Karavellen von Kolumbus (waren)?

4. Wussten Sie, dass das Reich des Mongolenführers Dschingis Khan im 13. Jahrhundert von Korea bis Ungarn und Schlesien reichte?

5. Wussten Sie, dass der Araber Ibn Battuta im 14. Jahrhundert eine siebenundzwanzig Jahre lange Reise von Nordafrika bis China und zurück gemacht hat?

6. Wussten Sie, dass der Venezianer Marco Polo im 13. Jahrhundert seinen Vater auf einer Reise nach China begleitet hat und erst nach zwanzig Jahren zurückgekommen ist?

7. Wussten Sie, dass der portugiesische Seefahrer Magellan (port. Magalhães) im 16. Jahrhundert einen Westweg zu den Molukken gesucht und damit die erste Weltumsegelung eingeleitet hat?

8. Wussten Sie, dass der chinesische Mönch Hiuen-Tsiang 600 vor Christus nach Indien gewandert und nach sechzehn Jahren mit über 650 Bänden buddhistischer Literatur nach China zurückgekommen ist?

Übung 12

Es kann von den KTN nicht verlangt werden, dass sie die Herkunft aller Produkte kennen, es sollte sich also eher um spielerisches Raten handeln. Die Übung ist nicht obligatorisch, die Durchführung hängt vom Interesse der KTN ab, wobei sich zunächst die Arbeit in Kleingruppen empfiehlt, woraufhin dann die gesicherten Ergebnisse an der Tafel gesammelt werden.
Wie beim Eingangsgespräch sollten die KTN auch hier die Möglichkeiten zum Ausdruck der Vermutung in ein Phrasenheft übertragen.

Lösung:

Mais: stammt aus Südamerika, besonders aus den Anden Perus.
Pferd: entwickelte sich als Art in Nordamerika. Im Verlauf des Tertiärs über die Beringstraße, die damals eine Landbrücke zwischen Amerika und Asien bildete, nach Asien und Europa eingewandert. Danach in Amerika aus unbekannten Gründen ausgestorben. Erst durch die Konquistadoren wieder eingeführt.
Paprika: (Gattung: Capsicum) kam Ende des 16. Jhs. von Mittelamerika nach Europa.
Tomate (österr. auch *Paradeiser*): stammt aus Mittel- und Südamerika.
Tabak: in Amerika, Indonesien und Australien heimisch. Wurde erst im 16. Jh. als Heilmittel (besonders bei Pest und Zahnschmerzen) von Mittelamerika nach Europa gebracht.
Kartoffel: stammt aus den Anden.
Schokolade: stammt aus Mittel- und Südamerika (Aztekisch: *chocolatl*), wo sie zu einem Getränk zubereitet wurde.
Huhn: seit über 4000 Jahren Haustier.
Schwein: als Wildtier in Afrika, Asien, Europa heimisch.
Melone: gehört zu den ältesten Kulturpflanzen in Kleinasien und Äthiopien.
Pfeffer: stammt aus den tropischen Teilen Asiens.
Olive: Mittelmeerküsten. Anbau seit vorgeschichtlichen Zeiten.

Was sagt der Kakadu?
Es bleibt den KTN überlassen, einen Kommentar des Kakadus zu finden. Erst danach sollte das Gespräch am Zoll gehört werden. (Der Sprecher hat einen norddeutschen Akzent.)
Im Original heißt es: *Hein, mach kein(en) Scheiß ...*

Übung 13

Das Ratespiel ist nicht obligatorisch.

Lösung: Name einer arabischen Hafenstadt in Jemen (vgl. Landkartenausschnitt: Mocha)

Kaffeespezialitäten
Bei Interesse können die KTN anhand dieser Aufzählung erzählen, ob und auf welche Weise in ihren Ländern Kaffee getrunken wird.

Deutschland und Österreich
Hier ist nicht der Ort, auf die vielen Verflechtungen der deutsch-österreichischen Geschichte einzugehen, es sollen nur einige ganz wenige Fakten als Information geboten werden.

Konzentrationslager (KZ): Ursprünglich *Internierungslager*. Während der Revolution in Kuba (1895), im Burenkrieg in Südafrika (1899–1902), Zwangsarbeitslager in der UdSSR seit 1923. Im nationalsozialistischen Deutschland wurden die KZs zu einem Instrument staatlichen Terrors und zu einem System des Völkermords, besonders an den Juden.

KAPITEL 5

Das Kapitel beschäftigt sich vor allem mit der Chancengleichheit von Frauen und Männern in der Arbeitswelt. Ein solches Thema muss sich aus sprachlichen und inhaltlichen Gründen hier nur andeutungsweise auf Teilaspekte beschränken. Trotzdem bestehen für die KTN genügend Möglichkeiten, ihre Meinung zu äußern, aus ihren Ländern zu berichten usw.

In der Grammatik wird die Komparation aus den ersten beiden Kapitel wieder aufgegriffen, neu eingeführt werden einige Anwendungen von *lassen*.

Zur Vorentlastung bietet sich die Entwicklung eines Assoziogramms an, Stichwörter zur Berufssituation für Mann / Frau werden im Plenum gesammelt und an der Tafel festgehalten.
Als weiteres Vorgehen kann über die Arbeitssituation von Männern und Frauen in verschiedenen Ländern gesprochen werden, sogenannte typische Männer- und Frauenberufe aufgezählt und nach Gründen dafür gefragt werden (vgl. Übung 3).

Übung 1

Die Übung braucht nicht als erste durchgeführt zu werden, eine andere Möglichkeit besteht z. B. nach Übung 6.

Übung 2

Auch diese Übung eignet sich nach einem kurzen Eingangsgespräch als erste Übung des Kapitels.

Übung 3

Der Bericht kann nach einer Erklärung in der Klasse als HA geschrieben werden. Wenn möglich, sollte ein Referat vorbereitet werden.

Übung 4

Lösung: 1. aber 2. aber 3. Obwohl 4. wenn – und 5. trotzdem – dass 6. Wenn – und

Übung 5

Die Übung kann als Vorbereitung auf HV-Teil 1 des ZD dienen. In diesem Fall sollte sich der KL an die Prüfungsdurchführung halten. Der Text soll nur einmal vorgespielt werden.

Lösung: 1. ja 2. nein 3. nein 4. ja 5. ja

Je nach Situation kann die HV-Übung 10 (Interview mit Frau Grenda) auch an dieser Stelle durchgeführt werden.

Übungen 6 bis 9

Die Übungen beschäftigen sich mit Bedeutungen von *lassen*. Wenn die Tabelle *Der Gebrauch von lassen* besprochen wird, sollte der unterschiedliche Gebrauch des Infinitivs als Partizip II nicht mit zusätzlichen Übungen vertieft werden, es genügt der Hinweis auf diese Ersatzform.
Die Übungen brauchen nicht an dieser Stelle behandelt zu werden, sondern können auf einen späteren Zeitpunkt verlagert werden.

Zusätzliche Übungsmöglichkeit

Die KTN bekommen ein Blatt mit sechs bis zehn Anzeigen, die Dienstleistungen anbieten. Der KL kann auch Anzeigen und Geschäftskarten entwerfen und diese an eine Pinnwand heften. Die KTN lesen die Anzeigen und berichten, was sie gern *machen lassen* wollen, z. B.:

Ingrid – Babysitterin mit Erfahrung (18 Jahre)
Ich passe auf Ihre Kinder auf, wenn Sie ausgehen wollen.
Ich kann auch für die Kleinen etwas kochen.
Telefon: 694857

Eine Variation besteht darin, dass die KTN eine eigene Anzeige schreiben und an eine Pinnwand heften.
Die KTN versammeln sich um die Anzeigen und jeder entfernt eine für ihn passende Anzeige.
Die KTN suchen die Anbieter und vereinbaren Einzelheiten darüber, was gemacht werden soll, wann, wo, Preis, usw. Da jeder etwas anbietet und jeder etwas will, müssen zwei Gesprächsrunden stattfinden.

Übung 8

Lösung: 1. M 2. A 3. E 4. A 5. A 6. A 7. A 8. M

Übung 9

Die Übung sollte nur bei entsprechenden sprachlichen Voraussetzungen der KTN durchgeführt werden.

Lösung:

1. Wie lässt sich das erklären?
2. Lass die Zeitung nicht hier! / Lass die Zeitung nicht liegen!
3. Ich lasse den Mantel reinigen.
4. Sie lässt ihre Kinder stundenlang fernsehen.
5. Sie darf nicht alleine bleiben. / Wir müssen sie mitnehmen.
6. Kann / Darf ich fahren?
7. Lass das!
8. Kann man das in Ordnung bringen?
9. Ich habe (telefonisch) eine Pizza bestellt. (Heimservice)
10. Nimm deine Tasche mit!
11. Bleib bei mir!

Chauvi: Verkürzung von *Chauvinist*, Ausdruck der gesprochenen Sprache, pejorativ: ein Mann, der so tut, als ob die Männer den Frauen überlegen seien.

Kumpel Anton und Cervinski

Der Hörtext sollte nur bei Interesse vorgespielt werden. Die Sprechweise kann als Beispiel dafür dienen, dass es viele regional gefärbte, sprachliche Besonderheiten in Deutschland gibt.
Die KTN können gemeinsam versuchen, die Sätze soweit wie möglich ins Hochdeutsche zu übertragen. Der Text lautet:
Verdammt viel Arbeit, so ein Garten.
Du machst das auch falsch mit deinem Garten. Du machst das ganz verkehrt mit der vielen Arbeit. Da kannst du auch keinen Spaß an deinem Garten haben. Du darfst dir nicht mehr Land nehmen, als deine Frau umgraben kann. Dann hast du Spaß an deinem Garten.

Übung 10

Bevor das Interview vorgespielt wird, müssen allen KTN die Fragen klar sein.
Produktmanager: Person, die ein Produkt vom Konzept bis zu Produktion betreut.

Der Text kann mehrmals vorgespielt werden, dabei können die Fragen zum ersten Teil gemeinsam im Plenum gelöst werden.
Das Interview kann auch als Vorbereitung auf HV-Teil 2 des ZD durchgeführt werden. In diesem Fall soll sich der KL an die Prüfungsdurchführung halten: Die KTN sollten alle Fragen auf einmal lesen und dafür eine Minute Zeit bekommen. Der Text sollte zweimal vorgespielt werden.

Lösung: 1. ja 2. nein 3. nein 4. ja 5. nein 6. ja 7. ja 8. ja 9. nein 10. nein

Bewerbungsschreiben von Anne Redlich

Die Behandlung des Schreibens kann unabhängig von diesem Kapitel erfolgen, dsgl. Übung 11, der Lebenslauf und Übung 12. Das Bewerbungsschreiben und Übung 12 sollten jedoch in einem Zusammenhang stehen, dsgl. der Lebenslauf und Übung 13.

Zeichnung

Lehrer Lämpel. Aus: Wilhelm Busch, Max und Moritz (1865)

Übung 14

Der Bewerbungsbrief bietet viele Möglichkeiten zur Korrektur sowohl in Grammatik und Wortschatz als auch im Stil und Aufbau, wobei die KTN keine perfekte Alternative hervorbringen können. Die minimale Korrektur wäre:

Dresden, 12. August 1999

Sehr geehrte Damen und Herren!
Hiermit möchte ich mich um die Stelle eines Englischlehrers an Ihrem Institut bewerben. Ich bin Engländer, 28 Jahre alt und habe eine Ausbildung als Französischlehrer.
Ich möchte ein paar Jahre in dieser Stadt leben und arbeiten, weil ich meine Deutschkenntnisse verbessern will.
Ich bin auch zufrieden (wäre auch einverstanden), wenn ich nur einige Stunden die Woche (in der Woche) geben / unterrichten kann.
Ich würde Sie gerne besuchen. (Ich würde mich freuen, wenn ich mich persönlich bei Ihnen vorstellen dürfte.)
Mit freundlichen Grüßen
Robert Miller

Übung 15

Die Übung ist eine reine Wortschatzübung und geht von Verben wie *sich bewerben um + A, sich interessieren für + A* aus, die im Kontext mit Arbeitsplatz und Bewerbung eine gewisse Rolle spielen. Die vorgeschlagene Reduktion auf sieben Verben ist nur eine Möglichkeit, sie verlangt jedoch, dass sich jeder KTN über die Wichtigkeit von bestimmten Wörtern für seine persönliche Verwendung im Klaren sein muss.
Den KTN muss wiederholt erklärt werden, dass es unbedingt notwendig ist, Präpositionen mit dem dazugehörigen Kasus zu lernen. Eine Lernmöglichkeit besteht darin, dass der KTN kurze Sätze zum Auswendiglernen aufschreibt, z. B. *Ich möchte mich um den Job bewerben.*

Übung 16

Es handelt sich um eine Nachsprechübung zu reflexiven Verben mit einer obligatorischen Präposition. Beim Üben sollte auch auf die Satzintonation geachtet werden. Wenn die Übung zu lang erscheint, kann sie jederzeit abgebrochen werden.

KAPITEL 6

Durchgehendes Thema des ersten Teils ist ein fiktiver Fernsehabend und damit verbundene Übungen zu den Infinitivgruppen.

Die Adverbien *hin* und *her* bzw. deren Kombination mit Präpositionen werden im zweiten Teil zusammenfassend, wenn auch nicht umfassend dargestellt. Erfahrungsgemäß lassen sich die Schwierigkeiten, die die KTN mit diesem Thema haben, erst nach und nach abbauen.

Zu Beginn kann eine kurze Einführung in das Thema Fernsehabend mithilfe der Eingangsabbildung erfolgen. Die KTN können beschreiben, was dargestellt wird, der KL kann ggf. ein Gespräch zum Thema Fernsehunterhaltung in die Wege leiten.

Übung 1

Bevor die HV-Übung durchgeführt wird, muss sicher gestellt sein, dass die KTN die Sätze in der Übung verstehen. In manchen Sätzen erscheint eine Infinitivkonstruktion, die der KL noch nicht zu erklären braucht. Es genügt, wenn der Satz verstanden wird.

Lösung: 1. nein 2. ja 3. nein 4. nein 5. ja 6. nein 7. ja 8. ja

Wörterbuchauszüge
Die Wörterbuchauszüge sollten im Plenum gelesen werden, um die KTN zur Benutzung von einsprachigen Wörterbüchern anzuregen und Ihnen bei der Benutzung die notwendige Hilfe zu geben.
Je nach Situation kann an dieser Stelle auch die Tabelle zur Infinitivgruppe besprochen werden.

Übung 2

Für die Übung gilt das zu Übung 1 Gesagte: Die Infinitivkonstruktionen brauchen noch nicht vollständig erklärt zu werden.

Übung 3

Es handelt sich um Strukturübungen zu den Infinitivkonstruktionen, die ebenfalls ohne vorherige grammatische Erklärungen durchgeführt werden können.

Übung 4

Die Übung kann in Zweiergruppen durchgeführt werden, der KL sollte ggf. korrigierend eingreifen.

Übung 5

Die Übung sollte als HA gemacht werden, sie gibt dem KL Auskunft darüber, wie weit die neue Struktur beherrscht wird.

Lösung:

> Hast du Lust mit mir zum Fernsehabend zu gehen / Gottfried Grinsmaul kennen zu lernen?
>
> Es fällt mir schwer, über die Witze des Moderators zu lachen.
>
> Ich werde versuchen Plätze für uns zu reservieren / Karten für die Veranstaltung zu bekommen.
>
> Ich hoffe Gottfried Grinsmaul kennen zu lernen / Karten für die Veranstaltung zu bekommen.
>
> Vergiss nicht mir eine Karte mitzubringen / Plätze für uns zu reservieren.
>
> Es ist mir gelungen, Karten für die Veranstaltung zu bekommen / Plätze für uns zu reservieren.
>
> Ich freue mich darauf, mit dir dorthin zu gehen / mit ihr den Abend verbringen zu können / Gottfried Grinsmaul kennen zu lernen.
>
> Mein Vater hat mir verboten mit dir dorthin zu gehen.

Übung 6

Es ist angebracht, diese Übung in Plenum durchzuführen, um bei dieser Gelegenheit zusammenfassend Erklärungen zu den Infinitivgruppen zu wiederholen.

Vor der Besprechung in der Klasse sollten die KTN die Möglichkeit haben – entweder in der Klasse als Ruhephasenarbeit oder vorher als HA – zu versuchen die Übung zu lösen, um nicht unvorbereitet im Plenum damit konfrontiert zu werden.

Lösung: zu – zu – x – x – zu – zu – x – zu – zu – x – zu – zu – zu – zu

Kleiner Unterschied, große Wirkung

Die drei Sätze bieten eine ausgezeichnete Gelegenheit, auf spielerische Weise eine Intonationsübung durchzuführen. Der KL sollte diesen kleinen Text intensiv behandeln und sich nicht einfach mit dem Lesen bzw. Hören der Sätze begnügen.

Bildung von Infinitivgruppen

Auf den Unterschied von *Du musst nicht kommen.* und *Du brauchst nicht zu kommen.* sollte nicht eingegangen werden. Als Erklärung genügt zunächst, dass beides möglich ist.

Übung 7

Umformungsübungen werden bei zunehmenden Kenntnisstand immer wichtiger. Die Übung sollte im Plenum durchgeführt werden, da zu manchen Sätzen ggf. Wiederholungen zur Erklärung der Grammatik nötig sind. Anschließend sollte die Übung als HA wiederholt werden.

Lösung:

1. ... auf mich zu warten.
2. Er scheint mich zu mögen.
3. ... bei ihm zu arbeiten.
4. x

5. ... eine Chance zu bekommen.
6. x
7. ... mir einen Vertrag zu geben.
8. ... alles zu erzählen.
9. x

Übung 8

Die Kleingruppen müssen unter allen Umständen eine Konsenslösung finden. Je unterschiedlicher die Interessenlage ist, desto notwendiger das Gespräch in der Gruppe, vgl. auch Eingangsgespräch Kapitel 4. Eine zusätzliche Übung: Die KTN suchen in Kleingruppen einen Werbespruch für das Plakat. Der Originaltext lautet: Das haben Sie noch nie gesehen.

Der Musikantenstadl
Der Text informiert über eine äußerst populäre und erfolgreiche Fernsehschau in Österreich und Deutschland.
ARD: Arbeitsgemeinschaft der öffentlich-rechtlichen Rundfunkanstalten der Bundesrepublik Deutschland

Volkstümliche Lieder
Volkstümliche Lieder haben meistens einfache und z.T. gefühlvolle Texte und ebensolche Melodien mit einem Bezug zu Heimat, Landschaft und Liebe. Man darf sie nicht mit der echten Volksmusik, alten Liedern aus früheren Jahrhunderten verwechseln.
Bei den Musikausschnitten handelt es sich um folgende Lieder: So ein Tag, so wunderschön wie heute; Wo die Nordseewellen trekken (= schlagen, spülen) an den Strand; Mer losse d'r Dom en Kölle (= Wir lassen den Dom in Köln); Patrona Bavariae (lateinisch für Patronin Bayerns). Der KL sollte auf keinen Fall versuchen, die Liedtexte von den KTN rekonstruieren zu lassen oder diese Wort für Wort für die Klasse ins Hochdeutsche zu übertragen. Die Texte sind hier nur zur Information des KL aufgezeichnet.

Die Liedausschnitte lauten:

So ein Tag, so wunderschön wie heute,
so ein Tag, der dürfte nie vergehn.
So ein Tag, auf den ich mich so freute,
und wer weiß, wann wir uns wiedersehn ...

(Niederdeutsch / Platt)
Wo die Nordseewellen schlagen an den Strand,
wo die gelben Blumen blühn im grünen Land,
wo die Möwen schreien schrill im Sturmgebraus,
da ist meine Heimat, da bin ich zu Haus.

(Kölnisch / Rheinländisch)
Wir lassen den Dom in Köln (Kölle),
denn da gehört er hin,
was soll er denn woanders, das hätt doch keinen Sinn.
Wir lassen den Dom in Köln,
denn da ist er zu Haus ...

(Bayerisch)
Er hat einmal ein Mädchen (a Madl) gehabt,
die hat ihn nicht mehr (nimmer) gewollt (wolln).
Kein Telefon, kein Brief von ihr, ein Anderer hat sie ihm gestohlen.
Da ist er raus (naus) zum Waldesrand,
wo's kleine Kirchlein steht.
Maria hilf, so hat er gesagt, du weißt wie's weiter geht.
Patrona Bavariae, hoch über'm Sternenzelt,
breite deinen Mantel aus, weit über unser Land.
Und wenn ich mal Sorgen hab und mir die Hoffnung fehlt,
Patrona Bavariae nimm mich an deine Hand.

Gespräch vor Übung 9

Das Gespräch beinhaltet eine Einführung von *hin / her*. Beim Nachsprechen des Dialogs sollte besonders auf die Intonation geachtet werden, die erst im mündlichen Vortrag richtig zur Geltung kommt. Daher genügt es nicht, das Gespräch mit verteilten Rollen lesen zu lassen.
Hörtext in deutscher, österreichischer und schweizerischer Fassung. In der Schweizer Fassung *Kongresssaal* statt *Stadthalle*.

Übung 9

Es handelt sich um eine Strukturübung, bei der vor allem auch auf die Intonation geachtet werden sollte.

Übung 10

Lösung: 1. hin 2. hin 3. her 4. her 5. hin 6. hin

Der Radwechsel

Bertolt Brecht (1898–1956), einer der bedeutendsten Dramatiker des 20. Jh. und mit über 2500 Gedichten einer der produktivsten Lyriker seiner Zeit. 1933 ins Exil in Dänemark, 1941 in die USA, 1949 Rückkehr nach (Ost-)Berlin.

Geld vom Staat

Auszug aus einer Plakatwerbung zum Bausparen

Übung 11

Bevor die Übung durchgeführt wird, empfiehlt es sich mitunter, noch einmal mithilfe von Übung 12 die Anwendung von *hin* und *her* zu erläutern, wobei man es bei den Grundbedeutungen belassen sollte: *wohin, woher, her (zu mir), hin (von mir weg), hierher, dorthin*. Es wäre in diesem Zusammenhang verfrüht, auf weiterführende Aspekte einzugehen. Es genügt also das Verb *hinlegen*, während die Anwendung von *herlegen* noch zu schwer zu vermitteln ist.

Lösung: hinlegen – hinstellen – hingehen – hinfahren – hinlaufen – hin-/herbringen – hin-/herkommen – hin-/hersehen

Übung 12

Lösung: 1. hinein 2. herunter – herauf 3. hinüber 4. hinunter

Übung 13

Lösung: runter – rüber – rein – raus

Übung 14

Lösung: 1. rein 2. Raus 3. rauf 4. rauf 5. runter 6. rüber

Übung 15

Die Szene berichtet von einem Arztbesuch, der Sprecher ist im Wartezimmer. Nach dem Abspielen des Textes sollte das Wartezimmer mit den Patienten beschrieben werden. *Warum wollen die Patienten zum Arzt? Was fehlt ihnen? Woher kommen die Verletzungen? Wo sitzen sie (vor, neben, zwischen)? Wer kommt als Nächster dran? Was wird der Doktor machen?* usw.

Ernst Jandl, s. S. 11

KAPITEL 7

Inhaltlich bietet das Kapitel zunächst eine Fortsetzung des Themas Fernsehmoderation aus dem vorherigen Kapitel, wobei verschiedene Formen der Verneinung und Einschränkungen geübt werden.
Im zweiten Teil steht der Sketch „Geräuschvolles Einschlafen" aus der Sesamstraße im Mittelpunkt, eine Fernsehsendung aus den USA, die auch in Deutschland und anderen Ländern großen Erfolg hatte.

Goethe als Medienstar
Karikatur / Zitat des bekannten Gemäldes „Goethe in der Campagna di Roma" von Johann Heinrich Wilhelm Tischbein (1751–1829)
Die Zeichnung von Goethe als Medienstar kann zu einer kleinen Wortschatzübung benutzt werden, es können z. B. die technischen Geräte wie Mikrofon, Kabel usw. benannt werden.

Eingangsgespräch
Das Gespräch knüpft inhaltlich an das vorige Kapitel an und enthält viele Verneinungen, die in diesem Kapitel geübt werden sollen.
Hörtext in deutscher, österreichischer und schweizerischer Fassung.

Übung 1

Die Übung sollte im Plenum durchgeführt werden, weil es sicher einiges zu erklären gibt.

Lösung: 1. nicht zu 2. keine Lust 3. nicht gut 4. nicht auf 5. nicht darüber / nicht mit 6. nicht damit 7. nicht davon / keine gute 8. keinen großen 9. nicht 10. nicht begeistert 11. glaube nicht

Die Stellung von *nicht* im Satz
Mithilfe der Tabelle kann die Position von *nicht* im Satz verdeutlicht werden. Diese Erklärungen sollten nicht vor Übung 2 durchgeführt werden, da sich die KTN in diesem Fall zu sehr auf die Regeln konzentrieren, statt das Gehörte nachahmend zu wiederholen.

Übung 2

Die Übung ist eine Nachsprechübung mit Verneinungen. Es empfiehlt sich, diese Übung ggf. mehrmals als Intonationsübung durchzuführen, da der Zusammenhang von Bedeutung und Betonung besonders deutlich zum Ausdruck kommt.

Das Beispiel für Teil 2 der Nachsprechübung ist wie in Teil 1 eine Satzverneinung, die darauf folgenden Übungen für die KTN bestehen aus Verneinungen von Satzteilen, ohne dass das Beispiel wiederholt wird. Je nach Lernsituation empfiehlt es sich, die Sätze einzeln zu besprechen.

Übung 3

Der KL sollte zunächst deutlich auf die Betonung von *nicht* hinweisen, dann kann die Übung in Zweiergruppen durchgeführt werden.

Übung 4

Manche Sprachen haben nur ein Wort für *nur* und *erst*. Der KL sollte ggf. noch einige verdeutlichende Beispiele vor der Übung anbieten. Die Übung selbst kann als HA oder individuell in der Klasse gemacht werden. Vor der Besprechung im Plenum sollten KTN die Möglichkeit haben, ihre Lösungen mit dem Nachbarn zu vergleichen / besprechen.

Lösung: 1. erst 2. nur 3. erst 4. erst 5. erst 6. nur 7. erst 8. nur 9. erst 10. nur

Verneinung von *müssen*
Es dürfte noch zu früh sein, hier den Unterschied zwischen Satz- und Wortverneinung zu erklären: *Du brauchst nicht zu kommen. / Du musst nicht kommen.* Abgesehen davon sind beide Versionen in der Umgangssprache möglich.

Wer brauchen ohne zu gebraucht ...
Im Umgangsdeutsch wird *zu* manchmal weggelassen: *Du brauchst nicht kommen.* Das ist zwar nicht korrekt, wird aber akzeptiert.

Übung 5

Die Übung sollte in Dreiergruppen durchgeführt werden.

Lösung:

1. Sie brauchen fast nichts zu machen.

2. Sie brauchen den Apparat nur anzuschalten.

3. Muss ich den vollen Preis sofort zahlen?

4. Natürlich brauchen Sie nicht alles auf einmal zu zahlen.

5. Sie brauchen nur 500,- DM anzuzahlen.

6. Muss ich das ganze Formular ausfüllen?

7. ..., aber Sie müssen unterschreiben.

***haben / sein ... zu* + Infinitiv**
In der Tabelle sind nur einige Möglichkeiten aufgezeichnet, das Thema wird in Kapitel 10 wieder aufgegriffen und sollte hier nicht weiter behandelt werden.

Gespräch vor Übung 6
Hörtext in deutscher, österreichischer und schweizerischer Fassung. In der österreichischen Fassung *Da kann man nichts machen.* statt *Da ist nichts zu machen.*

Übung 6

Die Übung ist an dieser Stelle nicht erforderlich, sie kann in Kapitel 10 verlagert werden. Andererseits ist sie eine gute Vorbereitung auf die sich anschließenden Finalsätze.

Gespräch vor Übung 7

Ernie und Bert sind zwei unzertrennliche, sich oft streitende Freunde in der amerikanischen Fernsehserie „Sesame Street" („Sesamstraße"), in der Menschen und Puppen zusammen agieren. Die Serie war vor allem für pädagogisch benachteiligte Kinder gedacht und wurde in vielen Sprachen gesendet.

Übung 7

Der Sketch „Geräuschvolles Einschlafen" sollte zweimal gehört werden, die KTN können sich Notizen machen. Wenn eine Vorentlastung angebracht ist, kann der KL über Geräusche und Lärm sprechen, die beim Einschlafen stören: *Stellen Sie sich vor, Sie wollen schlafen, aber es ist laut. Welche Geräusche stören Sie? Was tun Sie dagegen?* KTN antworten z. B. *Autos auf der Straße. Ich mache das Fenster zu.*

Übung 8

Mit der Übung wird der Sketch aufgearbeitet, gleichzeitig wird zu den Finalsätzen hingeführt, deren Beherrschung hier aber noch nicht vorausgesetzt wird. Nach der Besprechung der Tabelle mit den Finalsätzen sollte die Übung noch einmal durchgegangen werden um ggf. einige Satzverbindungen mithilfe der *um ... zu*-Konstruktion herzustellen. Wie im vorgegebenen Beispiel sind mitunter mehrere Lösungen möglich.

Finalsätze

Der Unterschied zwischen einem Final- und einem Kausalsatz sollte nur ganz kurz erklärt werden, zumal man im Deutschen im täglichen Gebrauch diesen Unterschied oft nicht mehr berücksichtigt. *Warum / Wozu tut er das? – Weil er reich werden will. / Um reich zu werden.* Die Erklärungen im Unterricht sollten sich daher vor allem auf den Unterschied von *um ... zu* und *damit* beschränken.

Georg Christoph Lichtenberg (1742–1799), Physiker und Schriftsteller, erster Meister des Aphorismus in Deutschland. Veröffentlichte viele populärwissenschaftliche Aufsätze im Sinne der Aufklärung.

Theodor Lessing (1872–1933), Philosoph, Journalist, im Exil in Marienbad von sudetendeutschen Nationalsozialisten ermordet. Einer der letzten Vertreter der vom Nationalsozialismus zerstörten deutsch-jüdischen Kultur.

Übung 10

Die Überschrift „Nicht ernst nehmen" sollte ernst genommen werden. Das heißt zunächst, dass die Übung fakultativ ist, und nur je nach Interesse und Zeit durchgenommen werden sollte. Der KL kann das vorgegebene Beispiel im Plenum besprechen, dann könnte die Übung von Gruppen von drei bis fünf KTN fortgeführt werden. Der KL kann darauf hinweisen, dass Nomen, die aus Infinitiven gebildet werden (*das Spielen, das Zeigen*), immer Neutrum sind.
Eine weniger komplizierte Vorgehensweise besteht in einer gemeinsamen Lösung und Besprechung der Verhaltensweisen, vor allem, wenn es sich um eine multikulturelle Gruppe handelt.
Die Übung kann auch später als Wiederholungsübung für Finalsätze eingesetzt werden.

Die Übung (fakultativ) ist ein Einstieg in die Nominalisierung von Verben, z. B. *das Rauchen, das Fahren* usw. und die Deklination dieser Nomen.

Lösung: 1. Essen 2. dem Rauchen 3. Fahren 4. zum Leben 5. beim Gehen

Übung 13

Die Möglichkeit solcher Wortzusammensetzungen ist typisch für das Deutsche, deshalb bietet sich hier die Durchführung einer Wortanalyse an.
Wohnungsbaugesellschaft: In Deutschland gibt es viele staatlich geförderte Wohnungsbaugesellschaften. Wer eine Wohnung kaufen oder ein Haus bauen will, aber nicht genug Geld hat, kann bei einer Gesellschaft einen Bausparvertrag abschließen und einige Jahre lang monatlich einen festgelegten Betrag einzahlen. Wenn ein bestimmter Betrag angespart ist, steht ihm dieses Geld und die noch offene Restsumme zur Verfügung, die er dann in monatlichen Raten abzahlen muss.
Ortsnetzbereich: Bereich, in dem nach Ortstarifen telefoniert werden kann.
Kraftfahrzeugzulassungsstelle: Behörde, bei der man sein Auto anmelden muss und ein amtliches Kennzeichen (Nummernschild) bekommt.

KAPITEL 8

Das ganze Kapitel ist fakultativ. Je nach Unterrichts- und Klassensituation braucht es überhaupt nicht behandelt zu werden. Es kann entsprechend der Jahreszeit, in der der Unterricht stattfindet, verschoben werden, sei es ans Ende von *plus deutsch 2* oder an irgendeine Stelle von Band 3.

Die Texte, Übungen und bildlichen Darstellungen bieten unterschiedliche Aspekte des Weihnachtsfestes, das nach wie vor das größte und wichtigste Fest in Deutschland ist, egal, ob es religiös gefeiert, traditionell im Familienkreis oder als Anlass zu einem kurzen Urlaub genommen wird. Wie in anderen Ländern hat sich auch in Deutschland, Österreich und der Schweiz eine totale Kommerzialisierung des Festes durchgesetzt, andererseits werden immer wieder neue Formen gefunden, die dem traditionellen Geist des Festes entsprechen.

Bei dem Kapitel bleibt es dem KL überlassen, welche Übungen er behandeln bzw. weglassen möchte. Auch die Reihenfolge der Übungen bleibt dem Ermessen des KL überlassen.

Oberndorf bei Salzburg
Das Foto zeigt den Ort, wo das populärste deutsche Weihnachtslied entstanden ist (vgl. den Lesetext nach Übung 2).

Ausgehend vom Eingangsfoto sollte in der Klasse eine kurze sprachliche Vorentlastung durchgeführt werden: *Was fällt Ihnen zum Wort Weihnachten ein?* Oder spezieller: *Was wissen Sie darüber, wie man in Deutschland Weihnachten feiert oder was die Deutschen zu Weihnachten machen?*

Eingangsgespräch
Hörtext in deutscher, österreichischer und schweizerischer Fassung. In der Schweizer Fassung *an Weihnachten* statt *zu Weihnachten, um Mitternacht* statt *zu Mitternacht.*

Übung 3

Lösung: 1. nein 2. ja 3. ja 4. nein 5. nein 6. ja 7. nein 8. nein 9. ja

Höraufnahme zu „Stille Nacht, Heilige Nacht"
Die Aufnahme bietet einen Auszug aus einer Jazzversion von „Stille Nacht, Heilige Nacht" und dann die erste Strophe des Liedes, das von einem Kinderchor gesungen wird. Der Text befindet sich in der Materialkiste, S. 166.

Übung 4

Die Übung ist für Kleingruppen von drei KTN gedacht, sie bietet eine Gelegenheit, einige Reflexivpronomen zu wiederholen. Die Übung braucht nicht an dieser Stelle behandelt zu werden.
Die Ausdrücke *das Mountainbike* (Geländefahrrad) und *der CD-Player* (CD-Spieler, Abspielgerät für Compaktdisketten) sind im Deutschen geläufig, man benutzt nicht die deutsche Übertragung.

Übung 5

Die HV-Übung sollte in zwei Teilen durchgeführt werden. Die KTN sollten zunächst alle Fragen lesen und dafür ca. 90 Sekunden Zeit bekommen. Die Reihenfolge der Fragen folgt nicht immer dem Gespräch. Die KTN sollten daher das Gespräch zunächst einmal insgesamt hören und erst beim zweiten Durchgang die Lösungen ankreuzen.
Die Meinung, die sich im HV zum Weihnachtsfest widerspiegelt, ist in Deutschland eher die Ausnahme und bezieht sich auf eine kleine gesellschaftliche Gruppe. Das Fest ist nach wie vor *das* Fest in allen Teilen Deutschlands und der deutschsprachigen Länder. Es wird mehr oder weniger im herkömmlichen Stil gefeiert, also Familienzusammenkunft, Bescherung (Geschenke) und Kirchgang; andererseits werden die freien Tage um Weihnachten immer mehr für einen Kurzurlaub genutzt, vor allem ist der religiöse Charakter des Festes zurückgegangen, die allgemeine Kommerzialisierung des Festes ist mitunter erdrückend.

Lösung:
1. nein 2. ja 3. nein 4. ja 5. ja 6. ja 7. ja
8. ja 9. nein 10. ja 11. nein (auch *ja* ist möglich, der Mann drückt sich mit dem Wort *man* unpersönlich aus) 12. ja 13. nein

Übung 6

Bei Bedarf können die KTN aus Übung 7 Personen und Geschenke für ihre Fragen und Antworten wählen. Die Antworten bleiben den Befragten ebenso überlassen wie die Frageform *was* oder *für wen*.

Übung 7

Im Gegensatz zu Übung 6 müssen die KTN hier Entscheidungen treffen. Die rechte Spalte *Walburgas Ideen* wird für Übung 8 benötigt.

Übung 8

Der HV-Text eignet sich nur für Klassen mit Sinn für übertriebenen Humor. Der KL wird entscheiden müssen, ob der Inhalt passend ist bzw. die Übung durchgeführt werden soll.

Entsprechend dem HV sollen die KTN in der Tabelle von Übung 7 Walburgas Geschenkideen festhalten, d. h. die Geschenke mit den aufgeführten Personen und Tieren in der rechten Spalte verbinden.

Joachim Ringelnatz: „Kuttel Daddeldu" wurde 1920 veröffentlicht.

Übung 10

Die LV-Übung kann unabhängig vom Thema Weihnachtsgeschenke behandelt und zur Vorbereitung auf den LV-Teil im Zertifikat herangezogen werden. Zur Lösung ist ein detailliertes Textverständnis nicht erforderlich.
Nach der individuellen Lösung empfiehlt es sich, in Kleingruppen die Ergebnisse zu vergleichen und bei unterschiedlicher Meinung die Begründungen für die Zuordnung zu besprechen.

Ulrich Plenzdorf (geb. 1934), Filmemacher, Schriftsteller
Karl May (1842–1912), Schriftsteller. Beliebt bei Generationen junger Leser mit seinen Romanen, die im Vorderen Orient oder bei den Indianern in Nordamerika spielen.
Emine Sevgi Özdamar, geb. 1946 in der Türkei, Schauspielerin, Stückeschreiberin, Regisseurin
Heinrich Harrer (geb. 1912), österreichischer Alpinist, lebte sieben Jahre in Tibet, nachdem er im 2. Weltkrieg aus einem englischen Internierungslager geflohen war.
Manfred Gregor (geb. 1929), wurde am Ende des Zweiten Weltkrieges zum Volkssturm eingezogen, der Roman basiert auf diesen Erlebnissen.

Lösung:
Freundin: Die Klosterschule, Die Brücke vom Goldenen Horn
Neffe: Durchs wilde Kurdistan, Sieben Jahre Tibet
Bruder: Die neuen Leiden des jungen W., Der Tangospieler
Mutter: Die letzte Welt

Übung 12

Es kann mitunter reizvoll sein, wenn einzelne Gruppen einen solchen Adventskalender basteln und sich im Unterricht gemeinsam vom Inhalt der Schächtelchen überraschen lassen.

Advent, Advent
Die Darbietung dieses „Liedes" ist sicher beeinflusst von dem Alkoholgenuss, z. B. Glühwein, bei einer vorausgegangenen Betriebsfeier.

KAPITEL 9

In dem Kapitel stehen Situationen im Mittelpunkt, die die Anwendung des Passivs erfordern. Dabei soll das Passiv nicht einfach als Umkehrung des Aktivs dargestellt werden; im Unterricht sollte deutlich werden, dass es Situationen gibt, in denen im Deutschen statt des Aktivs das Passiv benutzt wird.

Übung 1

Der Text ist ein kleiner Auszug aus dem SPIEGEL 5/1992, dessen Titelbild das hier abgebildete Eingangsfoto war.
Die Übung bietet einen kurzen Rückblick auf den Super-GAU (= G̲rößter A̲nzunehmender U̲nfall) von Tschernobyl und ist in ihrer Struktur auch eine Vorbereitung auf den Teil *Sprachbausteine* des ZD.

Lösung: F – A – D – B – E – G (ggf. H) – H (ggf. G)

Übung 2

Vor Beginn der Übung müssen die unbekannten Wörter im Plenum erklärt werden, die Übung selbst sollte in Kleingruppen durchgeführt, die Lösungen im Plenum besprochen werden. Dabei sind mehrere Antworten möglich, z. B. *Die Welt wurde belogen / falsch informiert.* Die Übung kann auch bei Bedarf nach der Besprechung der Passiv-Tabelle wiederholt werden.

Das Passiv

Präsens und Präteritum sollten aus Band 2 bekannt sein, neu ist die Bildung des Perfekts.

Es ist zunächst nicht nötig, die Tabelle *Das Passiv* zu besprechen. Es kann gleich Übung 2 durchgeführt werden, die mit Ausnahme von Satz 6 nur das Präsens und Präteritum verlangt.

Der Unterschied zwischen der Anwendung von Präteritum und Perfekt ist hier nicht vermittelbar – in der Umgangssprache sind beide Formen vermischt – und auch Muttersprachler können im allgemeinen keine befriedigende Antwort liefern. Annäherungsweise kann gesagt werden, dass das Präteritum eher den Verlauf ausdrückt, das Perfekt die abgeschlossene Handlung, die auch weiterhin Auswirkungen hat. *Die Verletzten wurden ins Krankenhaus gebracht.* (Vorgang / Verlauf) *Sie sind schon wieder entlassen worden.* (abgeschlossener Vorgang, Auswirkung: *Sie sind schon wieder zu Hause.*)

Wichtiger als das Wissen um die unterschiedliche Anwendung der Vergangenheitsformen ist der Hinweis, dass das Passiv nicht einfach eine Umkehrung des Aktivs ist, sondern dass es Situationen gibt, in denen vor allem das Passiv benutzt wird. Vgl. Übung 9 *Aktiv oder Passiv*, S. 91.

Übung 3

Hier sind einige Sätze zusammengefasst, bei denen das Perfekt möglich ist, aber auch da wird in der Umgangssprache oft das Präteritum benutzt.

Die KTN müssen sich bei jedem Satz die neue Situation vorstellen.

Übung 4

Lösung: 1. wurde – wurde – wurde – wurden 2. wurden – wurden – wurden 3. werde – wirst 4. werden 5. werden 6. worden

Übung 5

Lösung: 1. ist 2. werden – sind 3. ist – wird 4. sind 5. ist – wird

Das italienische Weindepot

Die Öffnungszeiten bieten Übungsmöglichkeiten, z. B. *Wann wird das Depot am Montag geöffnet? Wie lange ist es am Dienstag geöffnet? Und Mittwoch? Können wir am Montagvormittag dort etwas kaufen? Nein, da ist es geschlossen,* usw.

„Zustandspassiv" (Sein-Passiv)

Beide Bezeichnungen sind nicht überzeugend und tragen oft dazu bei, die KTN zu verwirren. Mitunter ist es besser vom Partizip II als Adjektiv zu sprechen und das mit einem Tafelbild zu verdeutlichen.

Das Stadion ist groß.   – in dem groß**en** Stadion
Das Stadion ist ausverkauft.   – in dem ausverkauft**en** Stadion

Übung 6

Die Übung kann zunächst als Bildbeschreibung benutzt werden, wobei vor allem die Präpositionen wiederholt werden.
Die zweite Abbildung gibt viele Möglichkeiten das Perfekt zu wiederholen (*Was hat der Einbrecher gemacht?*), das Passiv anzuwenden (*Der Videorecorder ist gestohlen worden.*) oder den Zustand zu beschreiben (*Die Stehlampe ist umgefallen.*).

Übung 7

Der erste Teil des Berichts sollte bei Bedarf mehrmals vorgespielt werden, der zweite Teil, wenn möglich nur zweimal.

Übung 8

Sehr geehrter Versicherungsnehmer,
eine rasche Bearbeitung des Schadens ist nur möglich, wenn Sie die nachstehenden Fragen ausführlich beantworten und die Schadenanzeige umgehend an unsere obenstehende Anschrift zurücksenden.

Vers.-Schein-Nummer: _801/1269-M-2_   **Schaden-Nummer:** _____

Schadentag   Monat   Jahr   Uhrzeit (0-24)   wenn genauer Schadenzeitpunkt nicht bekannt

_28._ _Mai_ _2000_   _?_   frühestens am _____

spätestens am _____

1. Schadenart

[ ] Feuer, Blitzschlag, Explosion   [X] Einbruchdiebstahl, Beraubung   [ ] Sturm, Hagel

[ ] Entwendung aus Kfz.)   [ ] Leitungswasser

2. Schadenort (genaue Bezeichnung, PLZ, Ort, Straße, Haus-Nummer, Räumlichkeiten usw.)

PLZ, Ort   Straße, Haus-Nr., Etage

56154 Boppard   _Bergstr. 11_ / _2. Etage_   [ ] Einfamilienhaus   [ ] Geschäft

[X] Mehrfamilienhaus   [ ] im Freien

[X] eigene Wohnung   [ ] fremde Wohnung   bei Wohnung: Anzahl Zimmer: _3_

6. Schadenaufstellung: Wenn Raum nicht ausreicht, bitte auf einem Beiblatt die Schadenaufstellung fortsetzen

Lfd. Nr.	Beschreibung der Sachen oder Kosten	entwendet = e zerstört = z beschädigt = b	Anschaffungs-Jahr	-preis DM	Wiederbeschaffungspreis DM	Schadenhöhe bzw. Instandsetzungskosten DM
1.	Stereoanlage	e	'97	1500,-	1750,-	1750,-
2.	Kazak-Brücke	e	'30	300,-	1200,-	1200,-
3.	Stehlampe	b	'88	570,-		200,-

Unterschriften/Zahlungen

Der Versicherungsnehmer ist für Richtigkeit und Vollständigkeit der Angaben verantwortlich, auch wenn eine andere Person sie niederschreibt. Wer vorsätzlich unrichtige oder unvollständige Angaben macht, verliert seinen Versicherungsschutz auch dann, wenn dem Versicherer durch diese unrichtigen oder unvollständigen Angaben kein Nachteil entsteht.

Boppard   _29.5.00_   _249 138_

(Ort)   (Datum)   (Telefon)   (Unterschrift Vers.-Nehmer)

Passivsätze ohne Subjekt

Passivsätze ohne Subjekt klingen oft steif, besonders wenn sie mit *es* beginnen. Bei der Besprechung geht es vor allem darum, die KTN mit dieser Struktur bekannt zu machen; es sollten jedoch keine zusätzlichen Umformungsübungen durchgeführt werden, z. B. (*Niemand hat mir geholfen.* → *Mir wurde von niemandem geholfen.*).

Bellender Hund
(von links nach rechts)
Polnisch, Deutsch, Niederländisch
Dänisch, Französisch, Tschechisch
Je nach Situation können einzelne KTN darüber berichten, ob es in ihrer Sprache
Passivkonstruktionen gibt.

Aktiv und Passiv
Das Passiv ist nicht einfach eine Umkehrung des Aktivs. Es sollten daher auch
keine Umformungsübungen von Aktiv zu Passiv in der Klasse eingesetzt werden
(*Man hat das im Radio berichtet.* → *Das wurde im Radio berichtet.*). Der KL sollte
versuchen, Aktiv und Passiv entsprechend der Situation einzusetzen, wie es mit
Übung 9 ansatzweise versucht wird.

Übung 9

Lösung: 1. Passiv 2. Aktiv 3. Passiv 4. Passiv 5. Beides 6. Aktiv

Übung 10

Lösung: 1. von 2. von seinem 3. durch 4. Durch einen 5. durch einen 6. von einem
7. von

Übung 11

Die Übung sollte in Kleingruppen durchgeführt, die richtige Reihenfolge soweit
wie möglich ohne ausführliche Wortschatzarbeit rekonstruiert werden.
Der Inhalt der Moritat knüpft an den Anfang des Kapitels an. Sie wird von der
bayerischen Gruppe „Die Biermöslblosn" gespielt und gesungen, die sowohl
traditionelle Volkslieder singt als auch mit Liedern wie dieser Parodie politisch
Stellung bezieht.
Mittlere Reife: Abschluss der Mittelschule, heute Sekundarstufe 1

Übung 12

Nach dieser Übung kann der Moritatentext detailliert gelesen werden.

Übung 13

Diese Übung ist fakultativ, u. a. weil die ältere Fassung viele Worterklärungen
verlangt und damit viel Zeit kostet. Bei Interesse muss zunächst dieser Text im
Plenum besprochen werden, wobei auf Grund der Schriftart (Fraktur) eine weitere
Schwierigkeit gegeben ist.
Treuenbrietzen: Ortschaft in Ostpreußen
geloffen: gelaufen
der Schlund: die Kehle

Übung 14

Lösung:
(in der abgedruckten Reihenfolge) Einführung (1) – Geschichte (4, 2) – Belehrung (3) –
schlimmes Ende (5)

KAPITEL 10

Ausgehend von der Geschichte Dresdens stehen in diesem Kapitel u. a. einige Aspekte städtischer Geschichte und Kultur.

Im Anschluss an das vorherige Kapitel werden weitere Formen des Passivs eingeübt.

Eingangsfoto

Dresdener Zwinger: Platzanlage aus dem frühen 18. Jh., für Hoffestlichkeiten des sächsischen Königshofes geschaffen. Das Wort bezeichnet eigentlich einen Platz, der zur Vorburg einer größeren, mittelalterlichen Burg gehört, auf dem festliche Spiele wie ritterliche Übungen stattfanden oder wo wilde Tiere gehalten wurden. Vgl. Zwinger = Käfig im Zoo, Hundezwinger.

Eingangsgespräch

Semper-Oper: Gottfried Semper (1803–1879), Baumeister, Kunsttheoretiker

Übung 1

Die Seitenverweise in der Arbeitsanweisung müssen lauten: Gruppe A liest den Text auf S. 168, Gruppe C S. 167.

Die Fotos stellen Motive aus Dresden dar: Denkmal August des Starken, Tabakkontor, Semperoper, Dresden nach dem Kriegsende.

Da diese Übungsform nicht oft vorkommt, muss sie vom KL besonders gut erklärt werden.

Jede Gruppe liest nur einen Textteil (in der Materialkiste) und diskutiert darüber, welches Foto zu dem Inhalt des Textes passt. Während der Lesephase steht der KL für Erklärungen zur Verfügung. Nachdem das passende Foto identifiziert wurde, werden unter dem Foto einige Notizen aufgeschrieben, die als Hilfe dienen, das Foto anderen KTN zu erklären. Wenn alle Gruppen mit diesem ersten Schritt fertig sind, stehen alle KTN auf und sprechen einzelne KTN aus den anderen Gruppen an, um etwas über die anderen Fotos zu erfahren, z. B. *Welches Foto haben Sie? Was zeigt es?* und machen sich Notizen dazu. Am Ende haben alle KTN Informationen zu allen vier Bildern gesammelt.

Da jeder KTN „seine" Informationen mehrmals mitteilen muss, ist es wichtig, dass der KL ständig umherläuft und kurze Formulierungshilfen und Korrekturen gibt. Im Optimalfall werden dadurch die Mitteilungen von Mal zu Mal besser.

Die Übung kann beendet werden, wenn alle KTN Informationen zu allen Bildern gesammelt haben, oder die Sätze können im Gespräch im Plenum vertieft bzw. schriftlich festgehalten werden.

Übung 2

Die Stadt heißt Meißen, Hinweis ist u. a. das Wort *Porzellan*manufaktur, s. dazu Karte auf S. 102.

Sächsische Schweiz

Schroffes Felsmassiv an der Elbe, südlich von Dresden
Theodor Lessing, s. hier S. 35.

Übung 3

Die Übung sollte zunächst von jedem KTN allein durchgeführt werden und dann mit dem Nachbarn und anschließend im Plenum besprochen werden; die einzusetzenden Wörter können bei Bedarf während der Übung erklärt werden. Zur Vertiefung kann der KL eine zusätzliche Übung durchführen und fragen, was in bestimmten Situationen gemacht werden muss, z. B. bei einer Einladung: *Die Freunde müssen angerufen werden, der Tisch muss gedeckt werden.* usw.

Infinitiv Passiv
Ausgehend von Infinitivkonstruktionen, z. B. *Ich möchte kommen* muss deutlich erklärt werden, dass sich der Infinitiv nicht verändert, egal welche Konjugations-form oder welches Modalverb vorausgeht.

Parallelform zum Passiv
Diese Formen bieten nur einen kleinen Teil der Möglichkeiten. Das Thema kann auch an anderer Stelle erklärt und geübt werden, sollte aber über den angebotenen Stoff hinaus nicht vertieft werden, zumal sich auch nicht jede Passivform mechanisch mit allen Parallelformen ausdrücken lässt.

Görlitz
Der Text zu Görlitz und Übung 5 sind kapitelunabhängig, andererseits bieten beide Anwendungsmöglichkeiten für das Passiv.

Übung 6

Die Übung sollte nur bei Interesse in der Klasse durchgeführt werden.
Die folgenden Hinweise auf die Fotos dienen vor allem als Hintergrundsinformation für den KL, der Unterricht sollte keineswegs in eine architekturgeschichtliche Lektion ausarten. Bei Interesse können die KTN jedoch ihnen bekannte Bauwerke dieser Stilrichtungen nennen, z. B. den Petersdom in Rom, Notre Dame in Paris, das Brandenburger Tor in Berlin, Panthéon in Paris (Klassizismus) usw.
Die Fotos stellen dar: Karlskirche in Wien (erbaut 1716–19), Kölner Dom (begonnen im 13. Jh.), ein Ministerium in München (ehemaliges Odeon, erbaut 1826), ein Haus in Augsburg, Wohnsiedlung in Dresden (diese Bauweise ist in nahezu allen Städten der ehemaligen DDR zu finden), Stiftskirche in Maursmünster (12. Jh.).

Lösung: 4 – 2 – 5 – 3 – 6 – 1

Übung 8

Die Übung steht in Zusammenhang mit Erklärungen zur Tabelle *Angaben* und stellt eine Erweiterung von Übung 7 dar. Die ersten beiden Sätze sollten im Plenum vorbereitet werden.

Lösung:
1. Der Lambada wurde der Sommerhit des Jahres 1989. In Frankreich wurde die Platte an manchen Tagen 40 000 mal verkauft.
2. In Paris wurde die Erinnerung an die französische Revolution von 1789 gefeiert.
3. Steffi Graf und Boris Becker haben beide bei den Einzelfinalspielen in Wimbeldon gewonnen. Martina Navratilowa (USA) wurde in drei Sätzen geschlagen. Becker besiegte den Schweden Stefan Edberg mit einem 3:0 Erfolg und konnte damit seinen dritten Wimbledonsieg feiern.
4. In Ungarn wurde für Urlauber aus der DDR die Grenze nach Österreich geöffnet.
5. Mehr als 4000 Flüchtlinge aus der DDR fanden in der Botschaft der Bundesrepublik Deutschland in Prag Aufnahme. Auf dem Botschaftsgelände wurden Zelte aufgestellt, wo die Flüchtlinge schlafen konnten.
6. Salman Rushdies Buch „Satanische Verse" wurde in Pakistan, Ägypten und anderen Ländern verboten. In Teheran wurden die Bücher des Autors symbolisch verbrannt.

7. Der französische Staatspräsident François Mitterand eröffnete im März die Glaspyramide im Hof des Pariser Louvre Museums.

8. In Moskau fand das „Moscow Music Peace Festival" mit über 70 000 Zuschauern statt.

9. Die Raumsonde „Voyager 2" überflog im April den Planeten Neptun. Funksignale der Sonde benötigten vier Stunden, bis sie in Pasadena / USA empfangen wurden. Fotos der Sonde zeigten deutlich, dass der Planet von einem Ring umgeben ist.

Salman Rushdie, geb. 1947, indischer Schriftsteller, der im englischen Exil lebt.

Das Denkmal auf dem unteren Foto stellt einen Trabi auf Beinen dar. Der Trabi (Trabant) war der am weitesten verbreitete PKW in der DDR.

Europa grenzenlos
Erich Loest, geb. 1926, Schriftsteller, Journalist
der Hindukusch: Gebirgszug in Zentralasien
der Kongo: Name für eine ehemalige belgische Kolonie in Zentralafrika

Günter Kunert, geb. 1929, zeitkritischer Lyriker, Erzähler

KAPITEL 11

Ausgehend von dem deutschen Text des ursprünglich griechischen Filmsongs „Ich bin ein Mädchen von Piräus" wird das Relativpronomen in seinen verschiedenen Formen eingeführt. Ein erster Hinweis dazu fand bereits in Kapitel 1 statt.

Das Kapitel bietet weiterhin einige Songs, Schlager, Evergreens bzw. Chansons und Geschichten zu deren Entstehung und Verbreitung.

Übung 1

Die KTN können jetzt noch nicht die gesamte Strophe rekonstruieren, der KL sollte nur den zweiten Teil verlangen.

Lösung: vgl. Hörtexttranskription, S. 76

Übung 3

Zur Lösung der Übung sollten keine einführenden Erklärungen gegeben werden, der Nominativ des Relativpronomens ist bereits in Kapitel 1 eingeführt worden.

Übung 4

Die Übung bietet die Möglichkeit, Relativsätze zu formulieren, sie bedarf keiner Erklärungen zur Grammatik.
„Dumm sind ..." – Werbung der Münchner Volkshochschule (VHS). Die VHS ist eine Einrichtung der Erwachsenenbildung. Die VHS bildet keine Ergänzung des normalen Schulunterrichts, sondern verfolgt erwachsenenorientierte Bildungsziele: Sprache, Kultur, Berufsbildung, Sport ...).

Übung 5

Die Übung beinhaltet Sätze, bei denen das Relativpronomen und das Bezugswort im Hauptsatz einen unterschiedlichen Kasus haben. Das Augenmerk der KTN ist dabei auf den Kasus im zweiten Satz zu lenken, der für das Relativpronomen ausschlaggebend ist.

Stanislaw Jerzy Lec (1909–1956), in den späten vierziger Jahren Pressereferent der Polnischen Botschaft in Wien.

Übung 6

Zur Vorentlastung können die Antworten zunächst schriftlich im Plenum formuliert werden. Auf jeden Fall sollte die Übung im Plenum vorbesprochen werden und dann von den KTN in Zweiergruppen durchgeführt werden, wobei es sowohl Nomen als auch Verben zur Auswahl gibt.

Übung 7

Die Übung verlangt noch einmal Relativsätze, die mit einer Präposition im Relativsatz beginnen. Die folgende Tabelle dient zur zusammenfassenden Erklärung.

Übung 8

Lösung:
1. Das Schiff, auf das sie wartet, soll morgen kommen.
2. Ist die Sängerin, die das Lied populär gemacht hat, nicht später Kulturministerin in Griechenland geworden?
3. Ich habe das Lied, das sie in dem Film singt, auf einer alten Platte.
4. Filme, in denen nur geschossen und getötet wird, mag ich nicht.
5. Im Filmmuseum werden viele Filme gezeigt, von denen ich noch nie gehört habe.

Übung 9

Die Übung eignet sich als HA, sollte aber auch im Plenum besprochen werden, da hier alle bisher behandelten Anwendungen vorkommen.
Belgrad: Hauptstadt Jugoslawiens
der Hit: (engl.) der Schlag, erfolgreicher Schlager

Lösung: 1. das 2. der 3. die – in der / wo 4. das 5. die 6. das – der 7. die 8. denen 9. dem – der 10. dem

Lili Marleen
gesungen von Lale Andersen
Die dritte Strophe lautet:
Aus dem stillen Raume,
aus der Erde Grund,
hebt mich wie im Traume
dein verliebter Mund.
Wenn sich die späten Nebel drehn,
werd' ich bei der Laterne stehn
wie einst, Lili Marleen.

BBC German Service
BBC: British Broadcasting Corporation
German Service: Deutscher Dienst / Deutsches Programm
Das abgebildete Radio hatte den Namen *Volksempfänger* (vgl. den Ausdruck *Volkswagen*). Diese technischen Geräte sollten keiner bestimmten Schicht vorbehalten sein, sondern dem ganzen Volk zur Verfügung stehen.

Das Relativpronomen – Genitiv

Das Relativpronomen im Genitiv wird auf diesem Sprachniveau und in der
Umgangssprache überhaupt selten benutzt. Die KTN sollen es aber zumindest in
Texten erkennen können.

Übung 10

Die Übung kann je nach Lernsituation entfallen; vgl. Kommentar zum
Relativpronomen im Genitiv.

Lösung: 1. deren 2. deren 3. dessen 4. dessen 5. dessen 6. deren 7. denen

Übung 11

Die Übung entspricht dem Leseverstehen, Teil 2 im ZD.
die Politschnulze: polit. = politisch, Schnulze = sentimentaler Schlager
Pete Seeger: amerikanischer Songschreiber

Lösung: 1. c 2. b 3. b 4. b

Lesetipp

Der Lesetipp sollte im Plenum besprochen werden. Ein dem Niveau der Klasse
entsprechender Lesetext oder einzelne längere Sätze werden mithilfe des Lesetipps
analysiert.

KAPITEL 12

Das Kapitel beschäftigt sich vor allem mit Berlin, wozu auch einige Aspekte der
Vereinigung Deutschlands gehören.
Das Kapitel kann mit einem kurzen Gespräch darüber beginnen, was die KTN von
Berlin wissen.

Übung 1

Die KTN sollten die Lösung in Kleingruppen erarbeiten. Es ist jedoch davon
auszugehen, dass ihnen weder alle Ereignisse, noch alle entsprechenden
Jahreszahlen bekannt sind.
Der KL sollte in diesem Fall die Ereignisse an die Tafel schreiben und dann die
Fotos, ggf. mit kurzen Besprechungen bzw. Beschreibungen, zuordnen lassen.

Lösung: (von rechts oben gegen den Uhrzeiger) Ende des 2. Weltkriegs – 1945,
Aufstand in der DDR – 1956, Bau der Berliner Mauer – 1961, Öffnung der Berliner
Mauer – 1989, Feier zur Wiedervereinigung – 1990

Übung 2

Mit dieser Übung sollen die KTN ihre Argumentationsfähigkeit schulen. Wichtig
ist, dass es am Ende des Gesprächs zu einer Einigung kommt, welcher Zug
genommen wird.
Im Plenum sollten zunächst Redewendungen fürs Argumentieren
zusammengetragen und von den KTN in einem Phrasenheft festgehalten werden.
Eine etwas schwierigere Form der Übung ist, dass Dreier- oder Vierergruppen
gebildet werden, jedes Gruppenmitglied sich für „seine" Zugverbindung
entscheidet bzw. diese vom KL zugewiesen bekommt. Die Entscheidung muss
dann in der Gruppe fallen. Argumente können z. B. sein: Tages- oder Nachtfahrt
(Zeitersparnis bzw. das Land sehen wollen), Fahrzeit, Ankunftszeit in Berlin, um
ggf. noch etwas zu unternehmen, Abfahrzeit in Bonn (frühes Aufstehen) usw.

Übung 4

Adjektive von Ortsnamen
Die KTN können gefragt werden, ob sie weitere Namen wie *Wiener Schnitzel*
kennen, z. B. *Wiener Walzer, die Mailänder Scala, die Pariser Oper, Frankfurter
Würstchen, das Münchner Hofbräuhaus, der Hamburger Hafen*, usw. (Beachte:
Münchner, Dresdner)

In Berlin

Vor der Höraufnahme sollten die KTN erst raten, was *ick, wat* und *frajen* heißen
könnten. Anschließend die falsche Benutzung des Dativs korrigieren lassen.

Verhüllter Reichstag

Das Projekt wurde lange Zeit von deutschen Politikern aus verschiedenen
Gründen abgelehnt; der erste Vorschlag datiert aus dem Jahre 1971. Erst nach der
Vereinigung Deutschlands konnte eine Mehrheit für diese Aktion gewonnen
werden.

Mauerspecht

der Specht: Vogel, der mit seinem Schnabel Löcher in die Baumrinde hackt, um
Larven zu finden; das Hacken erzeugt im Wald laute Klopfgeräusche.

Übung 5

Da die Übung relativ zeitaufwendig ist, sollte sie als HA gegeben werden. Es genügt
jedoch nicht, die Satzverbindungen zu nennen, der KL muss auf geschriebene
Sätze bestehen.
Satz 2: eine offizielle Bezeichnung für die Berliner Mauer in der DDR hieß
Antifaschistischer Schutzwall.

Lösung: 1. weil 2. damit 3. um 4. damit 5. weil 6. weil 7. weil

Helmut Kohl, Deutscher Bundeskanzler, 1982–1998

Michael S. Gorbatschow, Vorsitzender des Obersten Sowjet 1988–1991,
Staatspräsident der Sowjetunion, 1990–1991

Übung 6

Die Übung entspricht der Struktur des Hörverstehens, Teil 3 des ZD. Wenn die
Übung als Vorbereitung auf das ZD durchgeführt wird, sollten die Angaben zum
HV beachtet werden, d. h. die KTN sollten 30 Sekunden bekommen, um die
Aufgaben zu lesen. Nach der eigentlichen HV-Übung kann die Aufnahme noch
einmal gehört und im Detail besprochen werden.
Hörtext: Der zweite Beitrag wird von einer Rheinländerin gesprochen, der dritte
zeigt eine leicht sächsische Aussprache.

Lösung: 1. ja 2. nein 3. nein 4. ja 5. nein

Ade DM!

Viele Deutsche waren dagegen, ihre harte DM zu Gunsten des Euro aufzugeben.
Die Einführung des Euro war jedoch eine Voraussetzung für die Zustimmung der
Westeuropäer zur Vereinigung.

Übung 7

Anhand des Beispiels sollten noch zwei Sätze im Plenum versucht werden, danach
kann der Rest in einer Ruhephase bzw. als HA gelöst werden.

Übung 8

Techno Rave und Love Party

Die Übung entspricht dem Leseverstehen, Teil 1 des ZD, wo allerdings für fünf unabhängige Texte zehn Überschriften gegeben werden. Zur Lösung der Aufgabe ist lediglich globales Lesen, jedoch <u>kein Detailverständnis</u> erforderlich.

Die acht angebotenen Überschriften müssen vor der Aufgabenstellung von den KTN verstanden werden. Da die Übung viel Zeit in Anspruch nimmt, sollte im Plenum nur die erste Überschrift gefunden werden, der Rest der Übung als HA gegeben werden.

Techno: elektronisch hergestellte Musik (meist ohne Gesang), wobei der Beat dominiert

Rave: vgl. Übung 9

Ku'damm: Kurfürstendamm, bekannter Boulevard in Berlin

Lösung: A – 4 / 5 / 6   B – 1   C – 6   D – 7

Übung 9

Lösung: rasen, toben

Kindheit in Kohle und später

Bei dem Text handelt es sich um einen Songtext. Das Wort Kohle bezieht sich auf die 50er-Jahre, als noch in den meisten deutschen Haushalten mit Kohle geheizt wurde.

Peer Raben, geb. 1940, Komponist, Autor, Regisseur
Rainer Werner Fassbinder (1946–1982), Filmemacher, Filmregisseur

Übung 10

Vor Beginn der Übung sollte zum besseren Verständnis darauf hingewiesen werden, dass es sich bei Friedrich II. um den preussischen König handelt.

Das rot markierte Komma hinter dem Namen in der ersten Zeile dient als Beispiel für die Aufgabenlösung.

Lösung:

Eine Geschichte aus dem alten Berlin
König Friedrich II. von Preußen, der im 18. Jahrhundert lebte und auch Friedrich der Große oder der Alte Fritz genannt wurde, hatte in seinem Hoforchester einen Flötisten, Quantz, mit dem er manchmal auch privat musizierte. Natürlich spielte Friedrich nicht so gut wie Quantz, was den König manchmal etwas ärgerte und worüber Quantz sich amüsierte.
Eines Tages saß Friedrich wieder einmal in einem Konzert und Quantz spielte wunderbar Flöte. Friedrich wollte ihn aus der Ruhe bringen und sein Spiel stören. Er ließ ihm daher einen Zettel auf die Bühne bringen, auf den er geschrieben hatte: „Quantz ist ein Esel!" Darunter stand als Unterschrift sein voller Name.
Nach dem Konzert rief der König Quantz zu sich und fragte, ob er den Zettel gelesen habe. „Natürlich", antwortete Quantz völlig ruhig.
„Was steht denn auf dem Zettel?", wollte der König wissen. „Majestät", stotterte Quantz und errötete, „Majestät, das kann ich nicht sagen." „Ja warum denn nicht?", sagte der König, „das habe ich doch selbst geschrieben. Lies ihn!"
Quantz räusperte sich, machte ein ernstes Gesicht und las: „Quantz ist ein Esel, Friedrich der zweite."

Aktuelle Informationen zur deutschen Sprache, Rechtschreibung, Zeichensetzung sind u. a. über die Homepage des Instituts für deutsche Sprache (IdS) zu erhalten: www.ids-mannheim.de/pub/rechtschreibung

Schloss Sanssouci: (frz.: ohne Sorge) Sommerschloss mit Park in Potsdam von König Friedrich II. von Preußen, erbaut 1745-47

KAPITEL 13

In diesem Kapitel stehen Wunsch und Wirklichkeit, Hypothesen, Realität und Irrealität im Zentrum und damit die Anwendung des Konjunktiv II in entsprechenden Situationen.
Ausgehend von der Eingangszeichnung und dem Kommentar können die KTN ihre Vorstellungen äußern, was sie in bestimmten Situationen tun würden. Die Form Konjunktiv II von *werden* mit Infinitiv ist aus Kapitel 2 bekannt.

Übung 1

Der Konjunktiv II von *werden* + Infinitiv wird hier aufgefrischt und erweitert.

Übung 2

Die Übung wiederholt die Verwendung des Konjunktivs II von *sollen* zum Ausdruck einer Empfehlung. Die Übung lässt relativ offene Antworten zu. Sie braucht an dieser Stelle nicht behandelt zu werden.
Als Erweiterung kann statt der direkten Empfehlung die Struktur geübt werden: *An deiner / Ihrer Stelle / Wenn ich du wäre, würde ich zum Arzt gehen.*

> *Lösung:*
> 1. Du solltest weniger essen / nicht so viel essen / ein paar Kilo abnehmen.
> 2. Du solltest früher ins Bett gehen / mehr schlafen.
> 3. Sie sollte weniger rauchen / mit dem Rauchen aufhören.
> 4. Du solltest weniger ausgeben / sparsamer sein / eine besser bezahlte Arbeit suchen.
> 5. Ihr solltet Urlaub machen.
> 6. Er sollte eine Woche frei nehmen / eine Pause machen / eine Kur machen / weniger arbeiten / Urlaub machen.
> 7. Du solltest zum Arzt gehen / dich hinlegen.
> 8. Du solltest etwas trinken.

Übung 3

Die Übung ist eine Strukturübung zur Anwendung des Konjunktivs II von *können*.

Übung 4

Der KL sollte ein kurzes Gespräch zu dem Foto mit den Skysurfern (Himmelssurfern) führen (*wäre mir zu gefährlich, könnte ich nicht, mir würde schwindlig* usw.) und auf diese Weise Übung 4 vorbereiten.

> *Lösung:* 1. wäre 2. fiele 3. bliebe 4. fehlte 5. hätte 6. täte

Übung 5

Die Übung sollte nach Einzelarbeit im Plenum besprochen und dabei besonders auf die Anwendung von Indikativ und Konjunktiv geachtet werden.

Lösung: hätte – würde – wohnen – würde – brauchen – könnte – hätte – würde – schreiben – kochen – stellen – würde – verdienen – hätte – könnte – bekomme – gibt – fehlen – hätte – würde – nehmen

Übung 6

Die Übung ist eine Vorbereitung auf die folgende Tabelle *Konjunktiv II oder Präteritum*. Wichtig bei der Erklärung ist es, auf die nahezu ausschließliche Verwendung von *würde + Infinitiv* im aktiven Sprachgebrauch hinzuweisen. Die Kenntnis der Konjunktiv II-Formen ist vor allem in Hinblick auf das Textverständnis wichtig, als Beispiel dafür mag das Gedicht *Der Rauch* von Bertolt Brecht dienen („Fehlte er …").

Übung 7

Die Übung ist in Zusammenhang mit der Tabelle zu sehen und soll den KTN zeigen, wie oft die Anwendung von *würde + Infinitiv* möglich ist. Der KL sollte die Antworten überprüfen.

Lösung: 2. würde – runterfallen 3. würde – bleiben 4. würde – fehlen 6. würde – tun!

Der Rauch
Bertolt Brecht, s.S. 32

Satzstellung
Für Bedingungssätze ohne einleitendes *wenn* kann das Gedicht *Der Rauch* von Brecht als Beispiel dienen: *Fehlte der Rauch, …*

Übung 9

Es handelt sich um eine volkstümliche Fassung des Liedes „Der Lindenbaum" aus dem Liederzyklus „Die Winterreise". Es sollte ohne Textvorlage bzw. bei geschlossenen Büchern gehört werden. Anschließend sollte der Text besprochen werden. *immerfort*: immerzu, ununterbrochen, ständig.

Lösung: Traum – Wort – Nacht – Ruh' – nicht – Ort

Übung 10

Lösung: irreal – riefen, fänd(e)st; real – alle weiteren Verben

Foto von Wohnanlage
Das Foto zeigt Reihenhäuser (vgl. 4. Satz von Herrn Lehmann)

Übung 11

Bei der Formulierung der Gesprächsstellen müssen die KTN darauf achten, dass diese Teile sowohl zum vorherigen wie zum nächsten Satz von Herrn Lehmann passen. Bevor diese Übung in Kleingruppen durchgeführt wird, sollte der KL die ersten beiden Sätze im Plenum besprechen.
Erst nach der schriftlichen Arbeit sollte die Tonaufnahme als Beispiel eines möglichen Telefongesprächs zur Situation gehört werden.

Lösungsmöglichkeiten:
1 Ah, guten Abend, Herr Lehmann. Wie geht es Ihnen?
2 Danke gut. / Danke. / Na ja, es geht.
   Was gibt's? / Was gibt es denn? / Was ist los? / Sie haben sicher einen Grund für Ihren Anruf. / Warum rufen Sie an? / Kann ich Ihnen helfen?

3 Oh, danke. / Das ist fein. Gibt es einen besonderen Grund?

4 Wann soll es denn sein? / Wann möchten Sie uns denn einladen? / An welchen Tag haben Sie gedacht?

5 Am Freitag? Da geht es leider nicht. / Am Freitag geht es leider nicht. / Am Freitag haben wir schon etwas vor. / Am Freitag sind wir im Konzert / haben wir Gäste / sind wir schon eingeladen / usw.

6 Am Samstag? Ja, da geht es / würde es gehen / ginge es. / Ja, da sind wir frei.

7 Kein Problem. / Das geht in Ordnung. Wo wohnen Sie denn jetzt? / Wie ist denn Ihre neue Adresse?

8 Natürlich. / Aber selbstverständlich. / Ja, das ist kein Problem. Also herzlichen Dank für die Einladung.

9 Ja, bis Samstag. Und schöne Grüße an Ihre Frau. / Und grüßen Sie bitte Ihre Frau.

Im Anschluss an die Übung sollten einige Standardsätze beider Sprecher eingeübt und in ein Phrasenheft eingetragen werden. Danach schreibt jeder KTN für sich auf, aus welchem Anlass er eine Einladung aussprechen will, z. B. Geburtstag, Beförderung, ohne Anlass usw. Anhand einer Partnerfindung können Zweiergruppen gebildet werden, die dann in zwei Telefongesprächen (Rollentausch) ihre Einladungen aussprechen.

Übung 13

Wenn für das HV nicht genügend Zeit vorhanden ist, kann es auch auszugsweise eingesetzt werden.
Nachrichten, die Rüdiger aufschreiben soll:

1. Herr Schulz soll Frau Mahlmann anrufen. Heute Abend vor elf oder morgen gegen sieben Uhr. Tel.-Nr. 73 56 38

2. Nachricht von Herrn Strelka für Herrn Schulz: Herr Strelka kann morgen um halb zehn nicht bei Herrn Schulz im Büro sein, er möchte später kommen, ab zwei Uhr. Herr Schulz kann Herrn Strelka jederzeit in Bremen (Hotel Deutsche Eiche) anrufen, Tel.-Nr. 35 78 62, Zimmer-Nr. 263.

3. Anruf von Franz für Herrn Schulz persönlich. Herr Schulz soll morgen pünktlich im Büro sein. Er soll eine gute Erklärung für seinen Chef haben, warum er heute so früh weggegangen ist.

4. Anruf von Gitta für Frau Schulz. Frau Schulz soll sie morgen Vormittag zu Hause gegen elf anrufen. (Gitta möchte mit Frau Schulz über die Geburtstagsparty ihres Freundes sprechen.)

Die Notizen sollten als Ausgangspunkt für vollständige schriftliche Formulierungen benutzt werden.
Hörtext: Herr Strelka (2. Anruf) hat eine leicht österreichische Aussprache.

Übung 14

Die Übung steht in Zusammenhang mit Übung 13. KTN sollen Rollen (Babysitter, Herr Schulz, Frau Schulz) übernehmen und die Situation anhand der Telefonnotizen durchspielen. Der KL kann einen Vorschlag für den Gesprächsanfang machen, z. B. :
Babysitter: *Guten Abend, schon zurück?*
Frau Schulz: *Ja, zum Glück ist es nicht so spät. Ist alles in Ordnung?*
Babysitter: *Ja, die Kinder schlafen. Es gab einige Telefonanrufe …*

Übung 15

Auch diese Übung ist kapitelunabhängig, sie sollte jedoch unbedingt als Vorbereitung für das Leseverstehen, Teil 1 im ZD, durchgeführt werden. Sie verlangt ein genaues Lesen der Anzeigen; z. B. bietet Anzeige F nur individuelle Stadtrundfahrten und Fahrten für kleine Gruppen an, nicht jedoch allgemeine Rundfahrten, an denen jeder teilnehmen kann.

Lösung: 1 – A, 2 – 0, 3 – 0, 4 – H, 5 – 0, 6 – 0, 7 – 0 / ggf. F, 8 – I, 9 – 0, 10 – B

KAPITEL 14

Das Kapitel ist fakultativ. Es beschäftigt sich mit internationaler Migration und Exil, der Auswanderung aus und der Einwanderung nach Deutschland. Themen wie Fremdenfeindlichkeit und Rassismus lassen sich in dem Zusammenhang nicht vermeiden, können aber auf dieser Niveaustufe nicht hinreichend behandelt werden, abgesehen davon, dass die KTN ggf. kein Interesse an diesen Themen zeigen. Der KL sollte sich einerseits immer vergegenwärtigen, dass es sich um keine spezifisch deutschen Themen handelt, andererseits darf es hier nicht zu Hinweisen auf die Situation in anderen Ländern kommen. Texte und Abbildungen in dem Kapitel deuten an, wie komplex das Thema ist.

Zur Einleitung des Themas kann z. B. in Plenum ein Assoziogram zu Fremdenfeindlichkeit oder Ein- / Auswanderung erarbeitet werden.

Eingangsfoto
Das Foto zeigt nächtliche Lichterketten in Tübingen.
Zwischen 1955 und 1973, in der Zeit des „Wirtschaftswunders" wurden viele „Gastarbeiter" aus den Mittelmeerländern angeworben. Viele sind auf Dauer in Deutschland geblieben und haben ihre Familien nachgeholt. Offiziell ist Deutschland kein Einwanderungsland mit Einwandererquoten, aber die ausländischen Arbeitnehmer mit ihren Familien leben vielfach schon lange in Deutschland, haben Kinder und sind selbstständig geworden. Sie haben jedoch keinen deutschen Pass. Sie können sich jetzt für die deutsche Staatsangehörigkeit entscheiden (vgl. Text S. 129).
Vor allem seit Beginn der 90er-Jahre kommt es immer wieder zu Krawallen rechtsradikaler Jugendlicher, Brandanschlägen auf Häuser von ausländischen Arbeitnehmern, Prügeleien und Überfällen (mitunter mit tödlichem Ausgang) auf Asylbewerber und ausländische Bürger. Die rechtsradikalen Gruppierungen vor allem von Jugendlichen haben im Laufe der 90er-Jahre zugenommen, sie stehen in Kontakt mit ähnlichen Gruppen in anderen europäischen und außereuropäischen Ländern und stellen eine wachsende Gefahr für den Staat und seine Bürger dar. Im Bundestag und in den Landtagen sind keine rechtsradikalen Parteien vertreten, sie konnten die benötigten 5% nicht erreichen.

Übung 2

Die Übungsform entspricht der von Kapitel 10, Übung 1, die Hinweise dort (s. hier S. 42) gelten auch für diese Übung.
Die Fotos zeigen Einwanderer, die jetzt in Deutschland leben.
Der KL erklärt, wie die KTN arbeiten sollen. Bei Schwierigkeiten kann das erste Bild gemeinsam im Plenum behandelt werden, wobei dann in der Übung nur drei Gruppen gebildet werden, um die restlichen Fotos zu bearbeiten.

Übung 3

Zur Ausprache von German: das g bezeichnet hier den stimmlosen velaren Reibelaut χ (ach-Laut, wie im deutschen Wort *Dach*).
In dem Interview kommt German Kral selbst zu Wort. Der KL sollte zunächst sicher stellen, dass die KTN alle Fragen verstehen.

Text auf dem Foto:
Hochschule für Fernsehen und Film München präsentiert
Tango Berlin
Ein Film von Florian Gallenberger & German Kral
Special Guest Wim Wenders

Lösung: 1. ja 2. nein 3. nein 4. nein 5. nein 6. nein 7. ja 8. ja 9. nein 10. nein

Übung 4

Die Übung bietet einen kurzen Hinweis auf die innerdeutsche Migration. Bis zum Bau der Mauer 1961 gab es immer wieder Möglichkeiten aus der DDR in die Bundesrepublik zu fliehen.

Nimm mich mit
Deutsche Auswanderer-Zeitung, Anfang 20. Jh.

Deutsche Auswanderer
Der Text bietet einige wenige Hinweise auf deutsche Auswanderungen. Je nach Land, in dem der Unterricht stattfindet, kann das Thema vertieft werden. Wenn der Sprachkurs in Deutschland, Österreich oder der Schweiz stattfindet, können die KTN nach Spuren und Menschen aus ihrem Land gefragt werden, die sie am Kursort angetroffen haben.
Abbildung: Magyar Üzlet = Ungarisches Geschäft
Das Foto auf S. 131 oben zeigt nicht ein deutsches Grab in Südamerika, sondern in Tanunda / Südaustralien.

In der Fremde
Heinrich Heine (1779–1856) lebte lange als politischer Flüchtling in Paris. Typisch für viele seiner Gedichte ist die Ironie, mit der er die Illusion zerstört, die er im Gedicht aufgebaut hat.

Hörausschnitt aus „Jazz und Lyrik Heinrich Heine". Musik: Attila Zoller Quartett, Rezitation: Gerd Westphal. Es handelt sich um eine ältere Plattenaufnahme.

Übung 6

Die Übung ist als Einleitung für den darauf folgenden Text möglich. Sie setzt das Interesse an diesem Thema und ein entsprechendes Wissen voraus. Wenn diese Voraussetzungen fehlen, sollte der KL diese Übung nicht einsetzen.
Die Fotos stellen dar: Bertolt Brecht, Albert Einstein, Lotte Lenya, Sigmund Freud.

Albert Einstein (1879–1955), Mathematiker, Physiker, Nobelpreisträger

Thomas Mann (1875–1955), einer der bedeutendsten Schriftsteller des 20. Jh.; Nobelpreisträger. 1933 Exil in den USA, 1952 Rückkehr nach Europa in die Schweiz.

Bertolt Brecht: s. S. 32.

Lotte Lenya (1898–1981), Schauspielerin, Sängerin, verheiratet mit Komponist Kurt Weill, wurde berühmt als „Seeräuber Jenny" in Brechts Dreigroschenoper.

Ludwig Mies van der Rohe (1886–1969), Architekt, schuf 1927 zum ersten Mal Wohnbauten in Stahlskelettbauweise (Weißenhofsiedlung Stuttgart), 1929 Dt. Pavillon der Weltausstellung in Barcelona, 1930–33 Direktor des Bauhauses, 1938–58 Leiter der Architekturabteilung des Illinois Institute of Technology, Chicago.

Theodor Adorno (1903–1969), Philosoph, Soziologe, Musikkritiker, 1934–49 im Exil, seit 1950 Professor in Frankfurt. Mit M. Horkheimer und L. Marcuse Hauptvertreter der Kritischen Theorie (Frankfurter Schule), führend am Positivismusstreit beteiligt (vgl. Popper), Dialektik der Aufklärung (1947), Negative Dialektik (1966) u. a.

Karl Raimund Popper (1902–1994), 1947–69 Professor in London, Begründer des Kritischen Rationalismus, im scharfen Gegensatz zu den Vertretern der Frankfurter Schule (Positivismusstreit).

Paul Hindemith (1895–1963), Komponist. 1940–53 Professor an der Yale Universität in New Haven (Connecticut), USA, danach an der Universität Zürich. Konzertreisen durch die ganze Welt.

Paul Klee (1879–1940), Maler, Graphiker. 1921–31 Meister am Bauhaus in Weimar und Dessau. Bis 1933 Akademieprofessor in Düsseldorf.

Martin Buber (1878–1965) Professor für jüdische Religionswissenschaft, deutsche Bibelübersetzung, 1938-51 in Jerusalem, Friedenspreis des deutschen Buchhandels 1953.

Sigmund Freud (1815–1982), österreichischer Psychologe, Psychotherapeut.

Arnold Schönberg (1874–1951), originellster und vielseitigster Komponist in der ersten Hälfte des 20. Jhs., weitgehend Autodidakt. Zu seinen Schülern zählten A. Berg und A. Webern (Zwölf-Ton-Musik).

Übung 7

Lösung:
1. verhaftet zu werden – in Konzentrationslager eingeliefert zu werden
2. Schriftsteller, die den Nationalsozialismus ablehnten – Schriftsteller, die nicht in die staatliche Schriftstellerorganisation eintreten wollten
3. Sie wollten das Ausland über das Dritte Reich aufklären. – Sie wollten vor dem Expansionsdrang der Nationalsozialisten warnen. – Sie wollten den Faschismus analysieren. – Sie wollten Kontakt mit Widerstandsbewegungen in Deutschland halten. – Sie wollten die Tradition der deutschen Kultur fortsetzen.
4. Es waren Intellektuelle (z. B. Professoren), Künstler, Wissenschaftler.
5. c

Übung 8

Kopftuch tragen ...
Der Text könnte sich für die KTN als zu schwer und zeitraubend herausstellen. Ggf. kann er auch in Zusammenhang mit Kapitel 17 behandelt werden, das vor allem Sprachen zum Thema hat.

Lösung:
(Manche Deutsche regen sich auf, dass die Türken) kein Schweinefleisch essen, obwohl sie vielleicht daheim eine vegetarische Frau sitzen haben. Dann regen sie sich auf, dass die Türken eine andere Religion haben, deren Gott Allah heißt, nicht Eli wie in der Bibel, und dann bauen sie Moscheen. Nur, was sollen sie sonst tun? Christen bauen Kirchen, Juden Synagogen, Moslems Moscheen.
Viele Türkinnen tragen ein Kopftuch. Viele christliche Süd- und Osteuropäerinnen tragen es auch. Auch manche deutsche Frau trägt ein Kopftuch, wenn der Winter recht unfreundlich wird. Aber keine Deutsche lässt es in der Schule an. Das ist der Unterschied. Natürlich kann man verlangen, dass sich die Kopftuchtürkinnen anpassen. Das Prinzip der Demokratie ist einfach: Man darf alles tun, was anderen nicht schadet.

Es heißt schaden, nicht stören. Sonst könnte ich einen hässlichen Menschen per Gerichtsbeschluss dazu zwingen, eine Maske zu tragen, weil er sonst meine ästhetischen Gefühle stört. Ein Kopftuch mag zwar manche stören, aber die Dinge explodieren selten, stinken nicht und sind nicht radioaktiv. In Brasilien gibt's mehr Deutschstämmige als in Deutschland Türken. Auch sie sind nicht immer Musterknaben der Integration. Viele von ihnen bauen Fachwerkhäuser, und das ist untypisch für Brasilianer anderer Abstammung, trotzdem demonstriert man nicht dagegen.

Übung 9

KTN, die aus demselben Land kommen, sollten homogene Gruppen bilden, um die Fragen zu besprechen. Anschliessend können Gruppen und Einzelne im Plenum berichten.

KAPITEL 15

Das Kapitel schließt sich in grammatischer Hinsicht an Kapitel 13 an, es werden die Vergangenheitsform des Konjunktivs II eingeführt und weitere Anwendungsmöglichkeiten behandelt, wobei unterschiedliche persönliche Situationen wie Schule, Studium und das Verhältnis von Eltern und Kindern thematisiert werden.
Die Studentenunruhen der späten sechziger und frühen siebziger Jahre, auf die im ersten Teil des Kapitels hingewiesen wird, waren nicht auf Deutschland beschränkt. Ausgehend von der Bürgerrechtsbewegung in den USA und den studentischen Protesten gegen den Vietnam-Krieg breiteten sich diese Unruhen in vielen Ländern aus. Einige der damaligen Wort- und Anführer haben später Karriere in Wissenschaft und Politik gemacht. Bekannte Beispiele dafür sind in Deutschland Gerhard Schröder und Joschka Fischer, die 1998 Kanzler bzw. Außenminister der Bundesrepublik wurden.
Unabhängig davon, wie man persönlich zu den Studentenunruhen steht, kann festgehalten werden, dass sie zur Veränderung des öffentlichen Verhaltens und des politischen Bewusstseins in der Bundesrepublik beigetragen haben. Der Einfluss der 68er verschwand jedoch schnell und sie wurden in den 90er-Jahren bereits als politische Opas verspottet.

Eingangsgespräch
Der KL kann das Thema mit einem Gespräch über die Probleme der heutigen Studierenden einleiten.
Hörtext in deutscher, österreichischer und schweizerischer Fassung. In der österreichischen Fassung *Gruppen* statt *Gruppe*, *wann* statt *wenn*, *kriegen* statt *bekommen*, *kriagad* statt *bekäme*; in der Schweizer Fassung *Matura* statt *Abitur*.

Trau keinem über dreißig!
war ein Spruch der 68er-Generation.

Übung 1

Die Übung kann ohne vorherige Erklärung der Vergangenheitsform des Konjunktivs II durchgeführt werden, es empfiehlt sich jedoch, zunächst ein Beispiel im Plenum zu besprechen.

Übung 2

Die Übung sollte zunächst im Plenum durchgeführt und anschließend in Zweiergruppen wiederholt werden.

Hambacher Fest
Demokratisch-republikanische Massenkundgebung für ein freies und einiges
Deutschland, an der auch viele Studentenorganisationen (Burschenschaften)
teilnahmen. Die Folge war die völlige Unterdrückung der Presse- und
Versammlungsfreiheit in Deutschland.

Übung 4

Die Übung sollte individuell als HA durchgeführt und vom KL überprüft werden.
Ggf. ist eine erneute Besprechung in der Klasse notwendig.

Lösung:
1. hätte – gehabt – wäre – gewesen
2. wäre – geworden
3. wäre – geblieben – geworden
4. hätte – gelangweilt
5. wäre – ausgewandert – hätte – verdient

Hochschulen
Die erste Universität im Deutschen Reich wurde 1348 in Prag gegründet. Es folgten
1356 Wien und 1368 Heidelberg. Greifswald liegt in Mecklenburg-Vorpommern.
Zum tertiären Bereich gehören derzeit rund 300 Hochschulen. Man kann folgende
Typen unterscheiden:
Universität – Technische Hochschule / Technische Universität – Pädagogische
Hochschule (zur Lehrerausbildung) – Gesamthochschule (Integration von
Universität, Pädagogischer Hochschule, Fachhochschule) – Medizinische und
Tierärztliche Hochschule – Sporthochschule Köln.
Informationen zum Studium in Deutschland erhalten Sie im Internet-Angebot des
DAAD: www.daad.de

Übung 5

Für die korrekte, situationsbedingte Anwendung von Indikativ und Konjunktiv II
kann auch zunächst Übung 6 behandelt werden.
Übung 5 sollte im Plenum durchgeführt werden, den KTN muss bewusst werden,
dass zum Ausdruck der Wirklichkeit und dem, was fast geschehen wäre,
verschiedene grammatische Formen nötig sind.

Lösung: 1. hätte – wäre – habe 2. hätte – wäre – hat 3. hätte – hat 4. hätte – wäre – bin

Übung 6

Lösung: 1. wäre – gegangen – konnten 2. hätte – geheiratet – wäre – gegangen – waren
3. wäre – gegangen – hätte – angesehen – gab – war

Übung 7

Die Übung verlangt neben der Anwendung des Konjunktiv II vor allem eine
gewisse Fantasie der KTN bzw. – wie Satz 5 und 6 andeuten – sind auch ganz
andere Bedingungssätze möglich.

Übung 8

Die Übung sollte als HA durchgeführt werden. Der Wechsel zwischen positiv und
negativ verlangt eine starke Konzentration.

Chargierte

Studentenverbindungen dürfen nicht mit den vielen Studentenclubs und -vereinen (z. B. für Sport, Politik usw.) verwechselt werden. Die Verbindungen haben eine sehr alte Tradition, im 17. Jh. waren sie an einer Universität zunächst landsmannschaftliche Gruppierungen (Studenten aus Franken, aus der Pfalz usw.). Während der Zeit des Nationalsozialismus verschwanden die Verbindungen aus dem studentischen Leben. Nach dem 2. Weltkrieg entstanden viele Verbindungen neu. Nach wie vor spielen Beziehungen, die in einigen Verbindungen während des Studiums entstehen, vor allem in Politik und Wirtschaft eine bedeutende Rolle. Zu bestimmten Veranstaltungen und Festen tragen die Mitglieder „Farben", d. h. u. a. ein Band mit den Farben der Verbindung und eine Mütze, die Vorsitzenden (Chargierten) Uniformen mit Schlägern (Degen).

Eichstätt zwischen München und Nürnberg ist eine kleine alte Bischofsstadt mit einer katholischen Privatuniversität.

Übung 9

Es bietet sich an, dass der KL bei Bedarf über die vier Aufgaben hinaus weitere, selbst erstellte LV-Übungen durchführt.

Überlegung

Die Sprecherin / der Sprecher ist offensichtlich nicht zufrieden mit sich und überlegt verschiedene Möglichkeiten, wie sie / er sein müsste bzw. möchte. Das Gedicht entzieht sich einer eindeutigen Interpretation, im Unterricht sollte eine solche daher auch nicht angestrebt werden.

Übung 10

Der Hörtext kann mehrmals wiederholt bzw. in kurzen Abschnitten behandelt werden, damit sich die KTN Notizen machen können.

Hörtext in deutscher, österreichischer und schweizerischer Fassung. In der österreichischen Fassung *Buam* statt *Jungs*.

Übung 11

Lösung: 1. als ob 2. als 3. als ob 4. als ob ich einer wäre / als wäre ich einer. 5. als ob du aufgepasst hättest / als hättest du aufgepasst!

KAPITEL 16

Der erste Teil des Kapitels hat einen Krankheitsfall zum Thema, über den berichtet wird.

Der zweite Teil des Kapitels, die Begegnung von Mikko und Fernanda, ist locker mit dem ersten verbunden, kann jedoch auch unabhängig davon behandelt werden, z. B. in Zusammenhang mit der internationalen Migration in Kapitel 14. Der Bericht über den Krankheitsfall wird zum Anlass genommen, den Konjunktiv I einzuführen. Dieses grammatische Kapitel sollte nicht allzu intensiv behandelt werden, denn der Konjunktiv I wird in der Umgangssprache immer seltener benutzt und bei vielen Berichten werden auch von deutschen Sprechern Indikativ, Konjunktiv I und II nahezu willkürlich benutzt. Der Konjunktiv I sollte jedoch in geschriebenen Texten erkannt werden.

Am Anfang des Kapitels kann ein Assoziogramm zum Thema Krankheit stehen, in dem u. a. folgende Wörter entwickelt werden sollten: *anstecken, Ansteckungsgefahr, Epidemie, Besserung, Berufskrankheit, Gelbsucht.*

Im Krankenbett
Die Zeichnung stammt aus der Geschichte vom bösen Friederich im *Struwwelpeter,* der ersten deutschen Bildgeschichte für Kinder von Dr. Heinrich Hoffmann aus dem Jahre 1874; sie verfolgte erzieherische Ziele.
Wenn man zunächst auf die Behandlung des Konjunktivs I verzichten will, können anschließend an Übung 1 der Text über Hepatitis und die dazu gehörende Übung 4 durchgeführt werden.

Übung 2

Ausgehend von dem ersten Beispiel für indirekte Rede in dem Brief (*Ich dürfe noch nicht zur Arbeit gehen.*) und deren Umformung in direkte Rede (*Sie dürfen noch nicht zur Arbeit gehen.*) kann die Tabelle besprochen werden. Der KL sollte aber nicht über die geforderte Aufgabe hinaus gehen.

> *Lösung:*
> Der Arzt sagte: „Es besteht noch Ansteckungsgefahr."
> Der Arzt sagte: „Sie haben Glück gehabt, da es nur die leichte Form der Krankheit gewesen ist."
> Einige Kollegen sagten: „Die Zeitungen haben von mehreren Fällen in der Stadt berichtet."

Übung 3

Die Übung muss zunächst im Plenum durchgeführt werden und sollte schriftlich wiederholt werden. Ein dritter Schritt ist das Üben in Zweiergruppen, wobei sich die beiden KTN mit Fragen und Antworten abwechseln sollten. Weitere Formen des Konjunktivs I befinden sich in der Tabelle *Der Konjunktiv I.*

Übung 4

Die Übung kann nach den grammatischen Übungen zum Konjunktiv I hier zur Abwechslung durchgeführt oder an andere Stelle verlagert werden.

> *Lösung:*
> 1. oraler Weg, Einspritzungen, Bluttransfusionen, Geschlechtsverkehr
> 2. Ärzten, Schwestern, Pflege- und Laborpersonal
> 3. 2–6 Wochen
> 4. 6–26 Wochen
> 5. Patienten isolieren, seine Wäsche und Ausscheidungen desinfizieren
> 6. chronische Hepatitis, Leberzirrhose

Übung 6
Mikko ist ein finnischer Vorname.

> *Lösung:* 1. dort 2. ich – ihn 3. ob ich – ihm

Übung 7

Die Lösung der Übung ist die Voraussetzung für die Besprechung der Tabelle mit den Ersatzformen.

Personen- und Ortswechsel

Der Inhalt sollte eingehend besprochen werden, geht es hier doch nicht um Konjugationsformen, sondern um Änderungen, die aus logischen Gründen erforderlich sind.

Ersatzformen für den Konjunktiv I

Wie eingangs erwähnt, kommt es vor allem darauf an, dass die KTN diese Konjugationsform in einem Text erkennen, während die korrekte Anwendung von Konjunktiv I bzw. dessen Ersatzform auf dieser Stufe noch nicht erwartet werden kann.

Übung 8

Die Übung entspricht in ihrer Struktur dem Teil Sprachbausteine des ZD und bietet u. a. Beispiele für die Anwendung des Konjunktivs I. Zudem stellt der Text inhaltlich auch einen Übergang zum zweiten Teil des Kapitels her.

Lösung: G – F – H – M – J – L – N – B – C – E – K – I – D

Übung 10

Lösung: 1. noch nicht – erst 2. schon 3. noch nicht – erst 4. noch nichts – keine 5. erst

Übung 11

Lösung: 1. -, -en 2. -em, man 3. -, -en 4. -e 5. -er 6. -e, -en 7. -es

Indefinitpronomen

Der KL sollte sich auf die Pronomen und Anwendungsmöglichkeiten beschränken, die hier erwähnt sind. Eine systematische Vertiefung ist erst auf einer anderen Stufe angebracht.

Übung 12

Bei dieser Geschichte sollte man die Fantasie der KTN nicht einschränken, alle Ausschmückungen sind möglich. Aus dem Kapitel ergeben sich folgende Fakten: Mikko hat Erich besucht. Danach reiste er nach Buenos Aires. Dort war er eines Tages bei jemandem eingeladen und lernte Fernanda kennen. Auf den Fotos sieht man die Standesamtzeremonie und die Hochzeitsfeier in Buenos Aires und eine deutsche Kirche in Norddeutschland mit einem evangelischen Pfarrer (nach der kirchlichen Trauung).

KAPITEL 17

Das Kapitel beschäftigt sich mit einigen Aspekten von Sprache, vor allem deren Entwicklung im europäischen Kontext. Diese Entwicklung hängt mit der politischen und gesellschaftlichen Geschichte Europas zusammen, von der einige Ausschnitte, wie z. B. die Hanse, erwähnt werden.

Mit Ausnahme der zweiteiligen Konjunktionen und Übung 9 bietet das Kapitel keine obligatorischen Texte und Übungen, sie können, wenn gewünscht und möglich, auch an anderen Stellen des Unterrichts behandelt bzw. ausschnittsweise übernommen werden. Die Texte können vor allem zur Vorbereitung auf das Leseverstehen beim ZD benutzt werden.

Das Werbeplakat zu Eingang des Kapitels zeigt, wie selbstverständlich Ausdrücke aus dem Englischen ins Deutsche übernommen und als deutsche Wörter behandelt werden; so bekommt das Adjektiv *cool* z. B. eine deutsche Deklinationsendung.
cool: kühl und „cool" (gelassen, unterkühlt, auch toll)

Ich liebe you
Der Song ist eine Parodie auf die Vermischung von Amerikanisch und Deutsch durch US-Soldaten in Deutschland. Melodie: *Chantilly Lace* von Elvis Presley. Die KTN können den Text im Lehrbuch in der Materialkiste (S. 166) lesen.
you: dich
ui gäht's: wie geht's?
sweetheart: engl. Kosewort. *Süßherz* ist eine falsche wörtliche Übersetzung.
honey: engl. Kosewort. *Honig* ist eine falsche wörtliche Übersetzung.
what I like: was ich gern habe
true: treu
schäin: schön
eyes: Augen

Übung 1

Das mehrsprachige Schild weist, wie das Gebiss zeigt, auf einen Zahnarzt hin. Es hat chinesische Schriftzeichen und einen uigurischen Hinweis in arabischer Schrift. Es wurde in der westchinesischen Provinz Sinkiang aufgenommen, in der das Turkvolk der Uiguren lebt.

Übung 2

Möglichkeiten: nach der Uhrzeit fragen, nach einem Restaurant, nach dem Preis für etwas, um etwas zu trinken bitten usw. Es wird sich schnell herausstellen, dass es keine einheitliche Körpersprache gibt, z. B. ähnelt die deutsche Kopfbewegung, mit der eine Verneinung ausgedrückt wird, dem Ausdruck für Bejahung bzw. Einverständnis in Indien.

Observatorio La Silla
Hinweistafel für das europäische Observatorium, das sich in La Silla, Nordchile befindet, wo es auf Grund der besonderen atmosphärischen Klarheit eine der besten Möglichkeiten zur Beobachtung der Gestirne gibt.

Übung 4

Es wird hier mit dem Griechischen gespielt.
Die KTN sollten in Kleingruppen arbeiten und die Lösungen anschließend im Plenum besprechen und dabei Überzeugung, Vermutung oder Möglichkeit äußern.
Kostas: griechischer Vorname (hier: *kost(et) das*)
Hellas: Ausdruck für Griechenland (hier: *heller*) *Heller Wahnsinn!* = eine verrückte Idee. *Wahnsinn* kann je nach Kontext auch eine positive, emphatische Bedeutung haben, z. B. *Wahnsinn, so viel Geld gewonnen!*
Sparta: Stadt in Griechenland auf dem Peloponnes (hier: *sparst du / spart er*)
Akropolis: Tempel auf einem Hügel in Athen (hier: Name eines besonderen Hamburgers)

Übung 5

Die Übung sollte nur bei <u>ausdrücklichem</u> Interesse der KTN behandelt werden. Sie ist insofern nicht unproblematisch, als einige Wörter wie z. B. *General* aus dem Lateinischen stammen und auf verschiedenen Wegen ins Deutsche gelangten und dort z. B. unter dem Einfluss des Französischen gefestigt wurden. So kommt *Zucker* zwar aus dem Arabischen, ist aber erst über Italienisch ins Deutsche gekommen. Auch lassen sich viele Wörter nicht auf ihre ersten Ursprünge zurückverfolgen. Wie in Kapitel 4, Übung 5 sollten die KTN Möglichkeiten zum Ausdruck der Vermutung in ein Phrasenheft eintragen.

Lösung:
Englisch: Stewardess, Film, Reporter, Fußball
Arabisch: Alkohol, Zucker, Mokka, Scheck, Droge, Bluse, Koffer
Französisch: Mode, Propaganda, Rasse, Bombe, Sozialismus, Tante, Romantik
Italienisch: General, Kredit, Kapitän, Bank, Konto, Kartoffel, Kasse
Lateinisch: Sozialismus (socialis), Tante (amita), Propaganda (propagare), General (generalis), Kapitän (caput), Kredit (credere), Bombe (bombus), Kasse (capsa), Reporter (reportare)

Die Abkürzungen aus dem Wörterbuchauszug bedeuten:
Mhd. – Mittelhochdeutsch; ahd. – Althochdeutsch; it. – Italienisch; gr. – Griechisch; arab. – Arabisch; pers. – Persisch; ai. – altiranisch, altindisch

Romantische Straße
Die Straße verläuft von Rothenburg o.T. (oberhalb der Tauber) bis Oberammergau.

die Tomate – Aztekisch
die Schokolade – Aztekisch
der Tee – Chinesisch
das Joghurt – Türkisch
der Dolmetscher – ursprünglich Turksprache, über Ungarisch ins Deutsche
das Shampoo – Hindi
der Kaviar – Iranisch / Türkisch
der Dschungel – Hindi
der Bambus – Malaiisch
der Kimono – Japanisch
das Tabu – Polynesisch

Alhambra: Die Alhambra wurde im Jahre 1300 unter Ibn al Ahmar begonnen.

Übung 6

Die Tabelle ist nur ein Beispiel. Je nach KTN-Herkunft müssen hier Sprachen aufgeführt werden, aus denen die KTN ggf. Wörter zitieren.

Übung 7

Lösung: accordéon – Akkordeon, bormašina – Bohrmaschine, chopp – Schoppen, dollar – Taler, egger – Jäger, frikadel – Frikadelle, lied – Lied, ragabiru – Lagerbier, ryukkusakku – Rucksack, şivester – Schwester, táska – Tasche, zsemle – Semmel

Zweiteilige Konnektoren
Die Verbindung *je ... desto* sollte hier nicht besonders geübt werden, es genügt, wenn sie die KTN erkennen und verstehen.

Übung 9

Lösung:
1. Er sprach so kompliziert, dass ich kaum etwas verstanden habe.
2. Er sprach zwar sehr kompliziert, aber ich habe fast alles verstanden.
3. Unsere Kinder sprechen sowohl Englisch als auch Deutsch.
4. Sie spricht zwar schon drei Sprachen, aber das genügt ihr noch nicht.
5. Ich habe zwar keine Zeit, aber ich muss für meine Arbeit Polnisch lernen.
6. Polnisch ist zwar schwer, aber wenn ich in Polen arbeite, brauche ich es.
7. Entweder bin ich bereit es zu lernen oder ich brauche gar nicht erst mit der Arbeit dort zu beginnen.
8. Entweder finden wir jemanden, der Deutsch kann oder wir versuchen es mit Zeichensprache.
9. Ich spreche weder Polnisch noch Tschechisch.

Übung 10

Die Schweiz wird mitunter als deutschsprachiges Land beschrieben, es gibt jedoch vier Landessprachen (vgl. Karte). Deutsch, Französisch und Italienisch sind „Amtssprachen des Bundes", Rätoromanisch ist nur Amtssprache des Kantons Graubünden. Es gibt allerdings keine einheitliche rätoromanische Schriftsprache, sondern drei Varianten.
Der Text „Skandal im Valser-Tal" mag für Nicht-Schweizer merkwürdig klingen, er beschreibt jedoch symptomatisch die sprachlichen Spannungen, die in Teilen der Schweiz – zum Teil unterschwellig – herrschen und immer wieder aufflammen.
Die Übungsform stellt eine Vorbereitung auf das Leseverstehen, Teil 2 im ZD dar.

Lösung: 1. b 2. a 3. c 4. c 5. a

Zweisprachige Straßenschilder
Das obere Foto zeigt zwei Schilder, die Straßennamen auf Deutsch und Sorbisch wiedergeben, darunter befindet sich ein Schild aus der Schweiz.

Übung 11

Bei dieser Übung mit Informationslücken haben die Partner verschiedene Informationen zum selben Inhalt zu Hand, mit denen das Fragen nach Inhalten geübt wird. Die KTN lesen jeweils den Text, der ihnen zugeteilt wird, ohne Einsicht in den Text des Partners zu haben. Danach stellen sich die Partner gegenseitig Fragen, um die fehlenden Informationen zu bekommen. Eine Frage wie *Was steht in Lücke 1?* darf nicht gestellt werden, KTN sollen nach den Inhalten fragen. Der KL hält sich während der Arbeit bereit, Fragen zu beantworten, mit Formulierungen zu helfen und ggf. bei Nachfragen Wörter zu erklären.
Gotland: schwedische Insel, die größte in der Ostsee
Saline, die: Betrieb, in dem Kochsalz gewonnen wird

Europa-Hymne
Aufnahme von den Berliner Philharmonikern mit Herbert von Karajan und dem Wiener Singverein aus dem Jahr 1962. Der Text der ersten Strophe von Schillers *Ode an die Freude* befindet sich in der Materialkiste auf S. 163. Wenn die KTN den Wunsch haben und Zeit zur Verfügung steht, kann der Text in einer homogenen Gruppe in der Muttersprache besprochen werden.

Friedrich Schiller (1759–1805), Dichter, Geschichtsschreiber, Schriftsteller, u. a. gemeinsames Schaffen mit Goethe. Er wurde im 19. Jh. der eigentliche deutsche Nationaldichter.

Freude: hier auch in der Bedeutung von Jubel
Elysium (griechisch): Wohnsitz der Seligen, Paradies
Himmlische: gemeint ist die Freude als Tochter des Himmels, aus dem Paradies stammend
Zauber: Fähigkeit zu verzaubern, zauberhaftes Wesen
binden: verbinden, vereinigen
Mode: gesellschaftliche Regel, Zeitgeist
Flügel: die Freude wird als mythisches Wesen mit Flügeln vorgestellt, wie z. B. ein Engel

Trans Europa Tango
Good bye!: (engl.) Auf Wiedersehen!
Au revoir!: (frz.) Auf Wiedersehen!
Tout finit pour nous ce soir: (frz.) Für uns ist heute Abend alles vorbei.
Notre histoire est sans espoir: (frz.) Unsere Geschichte ist ohne Hoffnung.
Merci et au revoir!: (frz.) Danke und auf Wiedersehen!
Finito, arrivederci!: (ital.) Schluss, auf Wiedersehen!
On se téléfonera: (span.) Man wird sich anrufen.
Maintenant dansons la fin de ce tango et repartons seul à zéro!: (frz.) Tanzen wir jetzt das Ende dieses Tangos und beginnen allein von vorn!
Since you went away: (engl.) Seitdem du weggingst.
Goodbye!: (engl.) Auf Wiedersehen!

Ingrid Caven, Filmschauspielerin, Sängerin
Jean-Jacques Schuhl, Autor

Transkriptionen der Hörverstehensübungen

Kapitel 1

1

Leben in der Kleinstadt

Jochen und seine Frau Doris sind aufs Land gezogen. Sein Freund hat ihn getroffen und die beiden unterhalten sich über die Vor- und Nachteile des Lebens in der Groß- und Kleinstadt. Das Gespräch hat zwei Teile.

Teil 1

Freund: Na, Jochen, wie ist es denn so auf dem Land?

Jochen: Was heißt hier Land?! Wir leben in einer Kleinstadt, keine Autostunde von der Hauptstadt entfernt.

F: Na ja, immerhin 80 km, das ist doch schon ganz schön weit weg.

J: Gut, aber dafür gibt es keinen Lärm, die Luft ist sauber, und alles ist leichter und man kann billiger einkaufen.

F: Und was sagt deine Frau dazu, die Doris?

J: Na ja, die hatte am Anfang einige Probleme. Ihr fehlte die Stadt mit den Restaurants, den Kinos, den eleganten Cafés, und vor allem vermisst sie die Modegeschäfte.

F: Und wie geht es dir? Jeden Morgen mit dem Wagen zur Arbeit, abends zurück, immer im Stau, macht das denn Spaß?

J: Ich fahre schon lange nicht mehr mit dem Wagen, ich nehme die Bahn. Mit dem Schnellzug bin ich in einer halben Stunde in der Stadt. Und dann brauche ich nur noch ein paar Stationen mit der U-Bahn. Das ist doch fast ideal. In der Bahn kann ich die Zeitung lesen, mich auf das Büro vorbereiten oder einfach nur aus dem Fenster schauen.

Teil 2

F: Also, weißt du Jochen, für mich ist das nichts. Mit so vielen Leuten zusammen in der Bahn … mich stören die anderen. Ich kann ihr Gerede nicht aushalten, die Sitze sind schmutzig, es gibt keinen Platz …

J: Also, ich glaube, du bist schon lange nicht mehr Bahn gefahren. Abgesehen davon, ich habe eine Monatskarte 1. Klasse, das ist wirklich angenehm. Und ich kann die Karte auch noch von der Steuer absetzen, zumindest zum Preis für die 2. Klasse.

F: Das kannst du mit dem Auto auch, das ist kein Argument. Und was ist zum Beispiel, wenn ihr abends ins Theater wollt, ins Kino oder einfach einmal bummeln, Geschäfte ansehen oder etwas Feines essen?

J: Hm, das ist wirklich ein Problem. Wenn man erst einmal zu Hause ist, will man nicht wieder zurück in die Stadt. Wir machen es immer so, dass Doris in die Stadt kommt. Sie holt mich dann im Büro ab oder wir treffen uns irgendwo.

F: Also, mein Stil wäre das nicht. Wenn ich aus dem Büro komme, möchte ich mich erst einmal duschen und umziehen, bevor ich wieder ins Theater gehe.

J: Tja, man kann eben nicht alles haben, man muss Kompromisse schließen, ich fühl' mich jedenfalls wohl in der Kleinstadt.

Kapitel 2

4

Autobahnkleeblatt

Der folgende Text ist sehr kurz, aber er bietet viele Zahlen. Hören Sie genau zu.

Ein Autobahnkleeblatt braucht soviel Platz wie die historische Altstadt von Salzburg, die aus über 4000 Wohnungen in 920 Häusern, 430 Gewerbebetrieben, 16 Kirchen, 13 Schulen und einer Universität besteht.

5

Wegbeschreibung

Ein Tourist möchte zum Schlossmuseum und fragt einen Fußgänger. Die beiden bleiben aber nicht lange allein und so hört der Tourist verschiedene Möglichkeiten.

Tourist:	Entschuldigen Sie bitte, ich möchte zum Schlossmuseum. Wie komme ich dorthin?
1. Passant:	Tut mir Leid, das kann ich Ihnen auch nicht sagen, ich bin hier selber fremd.
2. Passantin:	Was möchten Sie? Zum Schlossmuseum?
Tourist:	Ja, bitte.
2. Passantin:	Also, da gehen Sie am besten hier die Marktstraße nach rechts bis zur nächsten Ecke, das ist die Rathausstraße. Da müssen Sie rein, bis Sie zur Fußgängerzone kommen. Gehen Sie da durch die Fußgängerzone bis zur Kirche und dort rechts über die Königsstraße. Aber passen Sie auf, dass Sie schon vor der Kirche über die Königsstraße gehen, denn hinter der Kirche kommt der „Ring" und da kommen Sie nicht über die Straße. Gegenüber der Kirche sehen Sie eine Mauer und hinter der Mauer ist der Schlosspark. In der Mauer gibt's ein Tor, das ist immer auf, das ist der Eingang zum Park, da müssen Sie rein. Wenn Sie dann durch den Park gehen, kommen Sie direkt zum Schlossplatz. Gehen Sie über den Schlossplatz und dann sehen Sie links das Schlossmuseum.
3. Passant:	Sie können aber auch rechts an dem Park vorbei auf der Schlossgasse gehen. Da kommen Sie auch zum Schloss. Aber das ist alles viel zu kompliziert. Ich habe einen einfacheren Weg. Gehen Sie hier über die Marktstraße, dann ist gleich gegenüber der Breite Weg. Und dann gehen Sie immer geradeaus bis Sie zum Ring kommen, da gibt es eine Ampel. Auf der anderen Seite sehen Sie ein großes Verwaltungsgebäude. Und da direkt an der Ampel ist eine U-Bahnstation und eine Unterführung. Da müssen Sie runter und durch die Unterführung auf die andere Seite. Da sind Sie direkt am Park. Sie gehen dann einfach durch den Park und über den Schlossplatz. Dann sehen Sie rechts das Museum.
4. Passant:	Wieso wollen Sie den Herrn denn erst zum Ring schicken? Wenn er hier nach rechts geht, ist es doch am schnellsten, auch wenn der Weg nicht schön ist.
Tourist:	Hier nach rechts?
4. Passant:	Ja, hier die Marktstraße, die gehen Sie nach rechts, dann kommen Sie zur Friedrichstraße. Sie gehen aber weiter auf der Marktstraße, die heißt dann Bahnhofstraße, aber es ist dieselbe Straße. Es sind dann zwei oder drei Blocks bis zum Prinzenweg. Da gibt es eine Ampel. Da biegen Sie nach links in den Prinzenweg ein. Den gehen Sie dann immer geradeaus bis links das Schlosshotel kommt. Und dann sind Sie gleich am Schlossplatz.

Den sehen Sie dann schon, das ist ein großer Platz. Der Prinzenweg führt direkt auf den Platz und dann sehen Sie rechts das Museum.

5. Passantin: Sie wollen zum Schlossmuseum?

Tourist: Ja. Wieso?

5. Passantin: Ich meine, wenn Sie heute ins Museum wollen … heute ist Montag, da sind alle Museen geschlossen.

9

Bilden Sie Sätze.

Teil 1

– Das ist unsere Wohnung. → So eine Wohnung hätte ich auch gern.

– Das ist unsere Wohnung. →

– Das ist unser Balkon. →

– Das ist unser Haus. →

– Das ist unser Garten. →

– Das ist unser Wagen. →

Teil 2

– Dort wohne ich. → Da würde ich auch gern wohnen.

– Dort wohne ich. →

– Dort lebe ich. →

– Dort arbeite ich. →

– Dort mache ich Urlaub. →

Kapitel 3

2

Landung

Sie hören einige Sätze über die Entdeckung Amerikas. Aber vielleicht war alles auch ganz anders …

1. Als wir nach der langen Reise endlich Land sahen, freuten wir uns sehr.
2. Wir fielen auf die Knie und dankten Gott.
3. Nach der Landung gingen wir an Land.
4. Dort sahen wir Menschen, aber die rannten sofort weg.
5. Weil wir dachten, dass wir in Indien sind, nannten wir sie Indianer.
6. Später kamen sie vorsichtig zu uns, aber wir verstanden kein Wort.
7. Niemand von uns kannte ihre Sprache.
8. Sie brachten uns Lebensmittel und Geschenke und wir gaben ihnen Schmuck.
9. Wir zeigten ihnen die Schiffe, aber sie wussten nicht, was wir planten.
10. Wir wollten sie nach Europa mitnehmen.

Kapitel 4

1

Welcher Film läuft wann und wo?

Sie hören telefonische Filminformationen.

Sie hören Informationen für das Filmangebot in der Stadt. Das Filmprogramm wechselt jeden Donnerstag.

Im Capitol läuft *Kaspar Hauser* von Werner Herzog. Täglich um 18 und um 20 Uhr.
Im Apollo wird täglich um 18.30 und 21 Uhr *Leon* gezeigt. Am Samstag und Sonntag in der Spätvorstellung um 22.30 Uhr wird *Blade Runner* von Ridley Scott gezeigt. Originalfassung mit Untertiteln.
Im Filmpalast läuft täglich um 18.15 Uhr und 20.45 Uhr *Titanic*. Am Sonntag in der Matinee um 11 Uhr wird *Der Tod in Venedig* gezeigt, die Verfilmung des gleichnamigen Romans von Thomas Mann. Nachmittags um 15.30 im Kinderprogramm läuft *Tarzan*.
Im Filmcasino läuft um 18.30 Uhr der Film *Die sieben Samurai* von Kurosawa und um 21 Uhr wird *Casablanca* von Michael Curtiz gezeigt. Am Wochenende in der Spätvorstellung um 23 Uhr läuft *Paris, Texas* von Wim Wenders.

Kapitel 5

5

Frauen im Beruf

Sie hören fünf kurze Stellungnahmen zum Thema „Frauen im Beruf“. Sie hören diese Stellungnahmen nur einmal. Für jede Stellungnahme gibt es eine Aufgabe. Markieren Sie beim Hören, ob die Antworten richtig oder falsch sind. Lesen Sie zuerst die Aufgaben 1–5. Hören Sie nun die Stellungnahmen.

Text 1

Also, ich habe nichts dagegen, wenn Frauen arbeiten und dieselben Chancen haben wie die Männer. Ich meine, wenn sie dasselbe tun wie die Männer, sollen sie auch dasselbe Geld bekommen, oder? Das ist doch nur fair! Und das ist doch auch so, oder? Ich meine, eine Lehrerin bekommt doch dasselbe Geld wie ein Lehrer, oder? Und eine Straßenbahnfahrerin bekommt dasselbe wie ein Straßenbahnfahrer. Vielleicht ist das woanders nicht so, aber bei uns wird für die gleiche Arbeit der gleiche Lohn bezahlt.

Text 2

Wieso sollen die Frauen keine Chancen haben? Das stimmt doch nicht. Ich kenne Direktorinnen von Schulen, Ministerinnen usw. Sicher, es gibt nicht so viele, aber das liegt doch daran, dass die meisten Frauen Kinder haben und keine Zeit für den Beruf. Ich kann mir aber auch vorstellen, dass die Frau arbeiten geht, der Mann zu Hause bleibt, als Hausmann arbeitet und die Kinder erzieht. Ich kenne Leute, die das machen, und das geht auch.

Text 3

Ich verstehe das ganze Gerede über Chancengleichheit nicht und ich habe auch gar nichts gegen eine Frau als Vorgesetzte. Es gibt gute und schlechte Chefs und gute und schlechte Chefinnen, oder? Wenn eine Frau gut arbeitet, viel leistet, warum soll sie dann keine Chance haben? Es gibt doch genug Beispiele für Frauen in hohen Positionen. Da gab es doch mal eine Präsidentin in Irland, Indien, Pakistan und Sri Lanka. In den USA gibt es eine Außenministerin und ich hatte mal eine Frau als Vorgesetzte. Die war wirklich prima, die hat mehr geleistet als mancher Mann.

Text 4

Ich sage ganz offen, dass es für mich sehr schwer ist als Frau. Ich leite eine Abteilung in unserer Firma und ich bin da die einzige Frau. Alle anderen Abteilungsleiter sind Männer. Früher dachte ich, dass ich als Frau in einer solchen Situation Vorteile habe, aber das stimmt nicht, das ist falsch. Im Gegenteil, ich muss härter arbeiten als meine

Kollegen, weil ich beweisen muss, dass ich genauso gut bin wie sie, denn wenn ich was falsch mache, heißt es immer: Na ja, was soll man da machen, sie ist eben eine Frau. Und es gibt auch viele Kollegen, die nicht akzeptieren, dass ich eine so hohe Position habe wie sie. Sicher sind sie höflich, aber ich spüre oft, dass ich irgendwie störe, dass die Männer oft allein sein wollen.

Text 5

Ich finde, dass es früher besser war, als die Frau Hausfrau und Mutter war und der Mann das Geld für die Familie verdiente. Wie kann denn eine Frau arbeiten und Kinder erziehen? Das kann doch nicht gut für die Kinder sein, oder? Aber wenn eine Frau ihren Beruf behalten und Karriere machen will, und trotzdem Kinder haben möchte, dann muss man sich halt ein Kindermädchen nehmen oder der Mann muss zu Hause bleiben und die Kinder erziehen. Ich finde, es gibt viel zu wenig Männer, die zu Hause bleiben, den Haushalt machen und die Kinder erziehen. Das ist doch heute kein Problem mehr!

6

Bilden Sie Sätze.

– machen → *Das lässt sich machen.*
– nicht ändern →
– leicht reparieren →
– anders sagen →
– wieder in Ordnung bringen →

10

Interview mit Frau Grenda

Sie hören nun ein Gespräch mit Frau Grenda. Dazu sollen Sie zehn Aufgaben lösen. Sie hören diesen Text zweimal. Markieren Sie beim Hören oder danach, ob die Antwort richtig oder falsch ist. Lesen Sie jetzt die Aufgaben 1–10. Sie haben dazu eine Minute Zeit.
Hören Sie nun das Gespräch. Frau Grenda arbeitet bei einer Textilfirma in einem kleinen Ort in Deutschland. Die Firma stellt Kleidung her.

Teil 1

Frau Kort:	Frau Grenda, Sie arbeiten hier im Ort in der Textilfirma, aber Sie sind oft auf Reisen. Darf ich fragen, was Sie in der Firma machen und welche Position Sie haben?
Frau Grenda:	Ich bin Produktmanagerin, das heißt, ich trage die gesamte Verantwortung für die Ware, vom Import über die Herstellung im Ausland, die Qualitätskontrolle und ....
K:	Halt, halt, das geht mir zu schnell. Produktmanagerin sagten Sie.
G:	Ja.
Herr Dahlhaus:	Und was heißt das genau, ich meine, was bedeutet das? Welche Position haben Sie in der Firma?
G:	Die Firma hat eine Geschäftsleitung, das sind drei Herren. Wir haben also keinen einzelnen Direktor, sondern einen Vorstand. Ja, und dann komme ich.
D:	Und wie viele Angestellte hat die Firma?
G:	Wir haben ca. 190 feste Mitarbeiterinnen, aber die sind nicht immer alle da, da fehlen immer ca. 50 Frauen, Näherinnen, die z. B. ein Kind bekommen haben und deswegen Schwangerschaftsurlaub haben.
D:	Da haben Sie also die Verantwortung für mehr als 150 Mitarbeiterinnen.

G: Nein, so kann man das nicht sagen. Wie ich schon sagte, ich entscheide, welche Waren die Firma kauft, wie viel sie kauft und wie viel wir zahlen wollen.

D: Müssen Sie da auch die Herstellerfirmen besuchen?

G: Ja, aber die Firmen liegen im Ausland, und so bin ich oft im Ausland, in Hongkong z. B. oder China, und manchmal auch in Korea oder Taiwan. Aber ich reise auch oft in die Türkei, nach Portugal und Italien.

D: Das stelle ich mir sehr interessant vor. Entschuldigen Sie, wenn ich so neugierig bin, aber was machen Sie denn genau in diesen Ländern? Kaufen Sie dort Kleidung ein?

G: Nein, nein. Wir kennen im Ausland viele Firmen, Textilfirmen, die Waren, also Kleidung herstellen. Mit diesen Firmen arbeiten wir zusammen, d. h. ich bringe aus Deutschland Muster mit, also Beispiele, welche Kleidung wir haben wollen, wie sie aussehen soll, welche Qualität sie haben soll usw. Wir nennen das Vollimport, d. h. die gesamte Ware wird vollständig im Ausland hergestellt und importiert.

K: Das ist aber eine große Verantwortung. Bekommen Sie da nicht manchmal Probleme mit Ihren drei Herren?

G: Eigentlich nicht, nein, ... ich habe ein gutes Verhältnis zu ihnen, wir sind ein gutes Team und arbeiten gut zusammen. Natürlich haben wir manchmal verschiedene Meinungen, aber das ist ja nichts besonders, das ist doch überall so.

Teil 2

K: Frau Grenda, Sie sind Diplom-Ingenieurin für Bekleidung. Was Sie erzählen, klingt alles hochinteressant. Wie kann man denn so einen Beruf bekommen? Was muss man lernen?

G: Nun, es gibt verschiedene Möglichkeiten. Ich z. B. habe eine Fachhochschule besucht und Bekleidungstechnik und Wirtschaftsingenieurwesen studiert.

D: Zwei Studien? War das denn nötig?

G: Nein, nötig war das nicht, aber ich wollte mehr als nur Bekleidungstechnik lernen, ich wollte auch etwas von Wirtschaft und Geld verstehen.

D: Und da haben Sie noch als zweites ... wie war das Wort ... studiert?

G: Wirtschaftsingenieurwesen.

D: Ja, danke, also Wirtschaftsingenieurwesen. Und wo war das?

G: In Mönchengladbach, eine Stadt nördlich von Düsseldorf. Die Fachhochschule in Mönchengladbach ist in der Bekleidungsindustrie international bekannt.

K: Und danach haben Sie in der Firma hier angefangen?

G: Nein, nach dem Studium habe ich zuerst in Osnabrück als Produktionsleiterin gearbeitet. Ich war für Marokko und Polen zuständig, dort gab es Firmen, die für uns Waren hergestellt haben.

K: Und wie alt waren Sie damals?

G: Fünfundzwanzig, ich habe nach dem Studium mit fünfundzwanzig mit der Arbeit angefangen.

K: Und gleich so viel Verantwortung?

G: Ja, aber normalerweise bekommt man nicht so schnell so einen guten Posten.

D: Und trotzdem haben Sie dort aufgehört und haben die Firma gewechselt?

G: Ja, ich hatte das Gefühl, dass ich dort nichts mehr lernen konnte und da habe ich eine Anzeige gelesen. Da suchte eine Firma jemanden mit Englischkenntnissen, Berufserfahrung in der Textilproduktion, internationaler Zusammenarbeit ... ja, und da habe ich mich vorgestellt und den Job bekommen.

D: Wie alt waren Sie denn da?

G: Neunundzwanzig.

D: Oh! Ist das denn normal, dass man so jung so einen wichtigen Posten bekommt?

G: Nein, ich habe selbst nicht daran geglaubt. Normalerweise muss man erst ein paar Jahre in ein und derselben Firma arbeiten, die Arbeit dort kennen lernen und dann bekommt man vielleicht so eine Stelle.

16

Hören und wiederholen Sie.

Teil 1

Ich muss mich auf die Konferenz vorbereiten.
Ich habe mich über dich geärgert.
Ich werde mich darüber beschweren.

Teil 2

Hast du dich um die Stelle beworben?
Hast du dich nach dem Termin erkundigt?
Hast du dich um die Angelegenheit gekümmert?

Teil 3

Wofür interessiert er sich eigentlich?
Worauf beziehen Sie sich eigentlich?
Worum handelt es sich eigentlich?

Kapitel 6

1

Begrüßung im Fernsehen

Sie hören die Begrüßung bei einer Unterhaltungssendung im Fernsehen.

Liebe Gäste, verehrte Zuschauer daheim vor dem Bildschirm. Es freut mich, Sie alle hier – und hoffentlich auch zu Haus am Bildschirm – so fröhlich zu sehen. Ich hatte Ihnen bei der letzten Sendung versprochen, heute eine kleine Überraschung bereitzuhalten. Es war nicht leicht, diese Überraschung zu organisieren, aber hier ist sie, ich meine, hier kommt er – oder muss ich sagen: es? – also, hier kommt ein Kind unserer Stadt, der große Star, Gottfried Grinsmaul aus Kleinhinterswaldau am Erzberg! Ich brauche Ihnen nichts mehr zu sagen! Applaus für Gottfried!

3

Teil 1

Bilden Sie Sätze.

– kaufen → Vergiss nicht Karten zu kaufen!
– bestellen →
– reservieren →
– besorgen →

Teil 2

Formen Sie um.

– Sie wollte kommen. → Sie hat versprochen zu kommen.
– Sie wollte die Karten bestellen. →
– Sie wollte heute anrufen. →
– Sie wollte bei dem Projekt mitarbeiten. →
– Sie wollte das Geld morgen zurückgeben. →

9

Bilden Sie Sätze.

– fahren → Wo fährst du hin?
– gehen →
– laufen →
– wollen →
– möchten →

15

fünfter sein

Sie hören ein Gedicht von Ernst Jandl, einem Österreicher.

> fünfter sein
> tür auf einer raus einer rein
> vierter sein
> tür auf einer raus einer rein
> dritter sein
> tür auf einer raus einer rein
> zweiter sein
> tür auf einer raus einer rein
> nächster sein
> tür auf einer raus selber rein
> tag, herr doktor!

Kapitel 7

2

Wiederholen Sie die Sätze.

Teil 1

Er wollte es ihm nicht sagen.
Er wollte es nicht **ihm** sagen, sondern seiner Schwester.
Es wollte ihm nicht **das** sagen, sondern etwas Anderes.
Er wollte ihm das nicht **sagen**, sondern in einem Brief erklären.
Nicht **er** wollte es ihr sagen, sondern sein Vater sollte das tun.

Teil 2

Sie hat sich nicht **darüber** gefreut, sondern über etwas Anderes.
Sie hat sich darüber nicht **gefreut**, sondern geärgert.
Nicht **sie** hat sich darüber gefreut, sondern ihr Mann.

6

Bilden Sie Sätze.

Teil 1

– tun → Ich habe noch viel zu tun.
– machen →
– erledigen →
– für die Party erledigen →
– für die Party einkaufen →
– für die Party vorbereiten →

– Kann man das nicht mehr machen? → Nein, das ist leider nicht mehr zu machen.

– Kann man das nicht mehr ändern? →

– Kann man das nicht mehr reparieren? →

– Kann man das nicht mehr korrigieren? →

8

Geräuschvolles Einschlafen

Sie hören ein Gespräch zwischen Bert und Ernie. Sie wollen schlafen gehen, aber Bert hat Probleme.

Bert: Achtzehn, neunzehn, zwanzig ... Oh, Junge, diese Kniebeugen sind gesund, Ernie. Ich werde jetzt das Licht ausmachen.

Ernie: Ja, gute Nacht.

B: Ah ... ja, gute Nacht, Ernie, gute Nacht. Schlaf gut, Ernie.

B: Du auch, Bert, du auch. Träum süß!

B: Nacht ... Hej, Ernie!

E: Was ist, Bert?

B: Ernie ...

E: Ja, was denn?

B: Hörst du? Hörst du´s? Es hört sich an, als ob der Wasserhahn tropft.

E: Ach was? ... Ja, tatsächlich, das klingt so ... Es ist wohl der Wasserhahn, Bert.

B: Ja.

E: Ich hab wohl den Wasserhahn nicht ganz zugemacht nach dem Händewaschen.

B: Ach ja.

E: Das wird es wohl sein, Bert.

B: Ja, ... Gut.

E: Gute Nacht, Bert.

B: Ernie, ...

E: Ja, Bert?

B: Ich kann nicht schlafen, wenn´s Wasser tropft.

E: Es ist begreiflich, Bert.

B: Ja, würdest du mir `n Gefallen tun und etwas gegen die Tropferei unternehmen?

E: Aber ja, Bert, für dich tu ich alles.

B: Danke.

E: Ich tu doch alles für dich, Bert ...

B: Ja, danke.

E: Ich bring das in Ordnung.

...

B: Ernie! Ernie!

E: Wetten, dass du jetzt nicht mehr das Wassertropfen hörst, Bert?

B: Ernie, was ist das?

E: Das ist das Radio!

B: Ernie, das Radio?

E: Ja, ich wette, du kannst nicht mehr hören, wie der blöde Wasserhahn tropft. Deshalb konntest du doch nicht schlafen, nicht wahr, Bert?

B: Ernie, nein, ich kann zwar jetzt den Wasserhahn nicht hören, dafür aber das Radio! Weißt du was, Ernie, auch bei diesem Radiolärm kann ich nicht schlafen! Es ist zu laut! Ernie!

E: Mach dir mal keine Sorgen, Bert! Ich weiß schon, wie ich das ändern kann. Ja, Bert, ich mach das schon.

B: Gut.

...

B: Ernie, Ernie, was hast du gemacht? Was soll der Quatsch?

E: Es ist zu laut, Bert, ich kann dich nicht hören ...

B: Warum hast du den Staubsauger angemacht?

E: Ja, weil du doch gesagt hast, dass du beim Radio gar nicht schlafen kannst. Jetzt hörst du das Radio kaum.

B: Schon, schon gut! Ich ... Ich stehe jetzt auf ... Alles muss man alleine machen!

E: Gute Nacht, Bert!

B: Ich mache jetzt den Staubsauger aus ... und dann stelle ich das Radio ab, so. Wenn ich das Radio abgestellt habe, drehe ich den Wasserhahn zu. ... Soo, so! ... Jetzt können wir endllich herrlich und in Frieden schlafen ... Na endlich!... Ernie, Ernie, du schnarchst! Das ist nicht fair ... das ist nicht fair, Ernie!

Kapitel 8

5

Weihnachten

Sie hören ein Gespräch über Weihnachten und Weihnachtsgeschenke. Das Gespräch hat zwei Teile.

Teil 1

Frau: Sag mal, was machst du zu Weihnachten?

Mann: Weihnachten? Daran denke ich doch jetzt noch nicht, und außerdem will ich nichts davon wissen, mir ist Weihnachten egal, ich mag das Fest nicht. Aber warum fragst du?

F: Na ja, ich meine, vielleicht können wir wegfahren, dann müssen wir das planen, ein Hotelzimmer bestellen und so, viele Reisen sind schon ausgebucht.

M: Planen? Ich werde doch jetzt im September nicht schon Weihnachten planen. Es ist schon schlimm genug, wenn viele Wochen vor Weihnachten alle Geschäfte voll sind mit Weihnachtsdekoration, Weihnachtsgeschenken, Weihnachtsschmuck. Konsum über alles, volle Kassen und fröhliche Weihnachten ... Aber im Ernst ich kann dieses Jahr nicht wegfahren, ich hab keinen Urlaub mehr und ich möchte meine Eltern auch nicht allein lassen.

F: Genau das ist das Problem, ich finde diese Weihnachtstage zu Hause schrecklich. Man sitzt zusammen und weiß nicht, was man sich sagen soll, man braucht keine Geschenke, kann sich nicht darüber freuen, – irgendwie sind diese alten Feste leer, sie machen keinen Sinn mehr, früher war das anders.

M: Ja, früher, als man noch Kind war. Ich erinnere mich noch, da freute man sich auf Weihnachten, auf die Geschenke, auf den Weihnachtsbaum, aber die Zeiten haben sich geändert. Ich glaube, man muss heute ganz andere Formen für das Fest finden.

Teil 2

F: Eine schöne Idee, neue Formen für das Fest. Nur bei uns zu Hause gibt es keine neuen Formen, wir feiern wie immer, es ist einfach langweilig. Deswegen fahre ich zu Weihnachten auch gerne weg, zum Skilaufen oder in den Süden an einen Strand. Dort ist Weihnachten anders, irgendwie lustig, mit anderen Menschen, die man zufällig kennen gelernt hat, man sitzt zusammen, trinkt etwas, unterhält sich, aber auf keinen Fall diese alten Formen wie zu Hause, wo es jedes Jahr dasselbe ist, wo man etwas schenken muss und sich für Geschenke bedanken muss, auch wenn man sich nicht darüber freut und diese Geschenke nicht braucht.

M: Ich sag's ja, früher war alles anders, da brauchte man noch Sachen, konnte sich über Geschenke freuen. Ich erinnere mich noch an einen Ausdruck von meinem Vater, der sprach immer von SOS-Geschenken in seiner Jugend.

F: SOS? Das heißt doch „Save our souls", das ist doch der Notruf auf See, wenn ein Schiff in Not ist. Was hat das mit Weihnachten zu tun?

M: Die SOS-Geschenke, wie mein Vater sagte, das waren Geschenke, die man brauchte. Man brauchte z. B. immer neue Kleidung, und da schenkte man sich früher praktische Sachen, Sachen, die man brauchte, also schenkte die Frau ihrem Mann SOS: Schlips, Oberhemd und Socken.

8

Weihnachtsgeschenke

Sie hören zwei Freundinnen, Walburga und Rita. Sie unterhalten sich über Weihnachtsgeschenke.

Rita: Na, Walburga, alles für Weihnachten vorbereitet, Geschenke gekauft?

Walburga: Ja, schon lange, ich wollte nicht alles in letzter Minute erledigen. Deshalb habe ich dieses Jahr schon im Sommer Geschenke gesucht. Ich habe mir viel Zeit genommen, um für jeden das Richtige zu finden.

R: Eine gute Idee, wenn man eine so große Familie hat wie du. Was hast du denn Besonderes gekauft?

W: Nun, für meine Mutter, weißt du, die immer so viel Arbeit zu Hause hat, dachte ich, dass es etwas sein muss, was ihr das Leben leichter macht, und da hab ich eine Schuhputzmaschine gekauft. Sie war gar nicht billig, aber für meine Mutter ist mir nichts zu teuer.

R: Eine Schuhputzmaschine? Walburga! Bist du verrückt? Was soll denn deine Mutter damit? Wo soll sie die denn hinstellen?

W: In den Keller. Das ist doch nicht schlimm, Rita. Wir wohnen doch nur im vierten Stock. Und wenn Mutter da einmal täglich am Abend mit allen Schuhen der Familie runtergeht …

R: Na hör mal!

W: Wieso? Das ist doch gesund! Du machst doch auch Aerobic.

R: Das ist doch was anderes! – Ja, und dein Vater, was bekommt dann dein Vater?

W: Mein Vater? Ja, du weißt doch, der ist nach dem Krieg in harten Zeiten groß geworden, der konnte nie richtig Kind sein, er hatte nie richtiges Spielzeug. Da dachte ich, dass für ihn eine elektrische Eisenbahn richtig ist.

R: Eine elektrische Eisenbahn? Ist das nicht etwas für deinen Sohn, oder?

W: Nein, für den habe ich etwas anderes. Der muss für das Leben lernen, dem hab' ich ein Buch der Etikette gekauft.

R: Sag mal, meinst du, dass das die richtige Erziehung ist? Dein Sohn kann doch nicht einmal richtig lesen!

W: Aber er kann die Bilder sehen. Er soll doch später einmal Diplomat werden und da muss er früh anfangen. Ich will ihm doch helfen. Und weil wir gerade bei den Männern sind – mein Opa bekommt einen Flug nach Hawaii! Ich bin sicher, dass er froh ist, wenn er einmal von zu Hause wegkommt.

R: Und wieso gerade Hawaii?

W: Nun ja, er war noch nie dort, und da gibt es billige Pauschalreisen, alles inklusive. Und dann kann er nach der Reise seinen Freunden viel erzählen. Von so einer Reise wird er bestimmt lange Erinnerungen haben, ein ganzes Leben lang.

R: Also, ich finde das schon etwas komisch, den Opa nach Hawaii schicken! Das sind doch über achtzehn Stunden Flug! Was hast du denn noch gekauft?

W: Meine Tochter bekommt zwei weiße Mäuse. Alle Mädchen in ihrer Klasse in der Schule haben kleine Tierchen, Hamster, Ratten, Meerschweinchen. Und da wollte ich nicht, dass nur meine Tochter allein kein Haustier hat. Eigentlich wollte ich ihr ein Halsband mit Diamanten schenken, aber ich denke, sie ist doch noch zu jung, sie weiß noch nicht, was so etwas kostet. Ja, … und da hab ich das für Fifi, unseren Hund, gekauft.

R: Sag mal, bist du verrückt? Ein Halsband mit Diamanten für einen Hund?

W: Ja, warum denn nicht? Alle Hunde haben doch Halsbänder. Und hier bei uns in der Straße gibt es viele reiche Familien. Da muss man schon zeigen, was man hat. Ich habe das Halsband in einem Hundespezialgeschäft in New York gesehen und gleich letztes Jahr gekauft. Es ist wirklich etwas Besonderes.

R: Also, Walburga, du bist wirklich total verrückt. Sag mal, woher hast du denn das ganze Geld?

W: Ach, ich hab ... nein, ich hatte doch einen Onkel. Der ist ..., ich meine, der war ... sehr sportlich. Einmal ist er alleine durch Tibet gereist. Und von dieser Reise ist er nicht mehr zurückgekommen. Tja, und sein Geld habe ich bekommen.

R: Wie furchtbar!

W: Wieso? Was ist denn furchtbar daran, wenn man Geld bekommt? Ach so, ja, es war furchtbar, wirklich, wir haben alle geweint, als er nicht mehr zurückgekommen ist. Deswegen habe ich auch etwas Angst, meiner Schwiegermutter eine Abenteuerreise durch Afrika zu schenken. Aber sie möchte so eine Reise schon so lange machen. Es gibt da ein Reisebüro, das macht für alle Leute Busreisen durch die ganze Welt. Das Problem ist nur, dass so eine Reise schon etwas hart ist, vor allem für alte Menschen. Aber es ist eben Abenteuerurlaub!

R: Wie alt ist denn deine Schwiegermutter?

W: Einundsechzig. Zuerst wollte ich ihr ja ein kleines Aquarium kaufen mit ein paar wunderschönen kleinen Fischen aus Brasilien oder einem anderen tropischen Land. Aber die werde ich unserer Katze schenken. Ich möchte nämlich nicht, dass sie mit den weißen Mäusen meiner Tochter spielt. Meinst du nicht auch, dass das eine gute Idee ist?

R: Du, ehrlich, ich glaube, du solltest mal zu einem Psychiater gehen. Ist das nicht auch eine gute Idee?

W: A propos Psychiater. Das habe ich fast vergessen! Ich habe hier einen Gutschein für zwanzig Besuche bei einem Psychiater, die wollte ich meiner Freundin schenken ... oh Mist, jetzt habe ich verraten, was ich dir schenken wollte.

Kapitel 9

7

Bei der Polizei

Ein Wohnungsbesitzer ist bei der Polizei und meldet einen Einbruch.

Teil 1

Wohnungsbesitzer: Bei mir ist eingebrochen worden, am Wochenende, als ich nicht zu Hause war.

Polizeibeamter: Und warum kommen Sie da erst jetzt?

W: Ja, ich wollte gleich am Sonntagabend kommen, aber da war es schon nach Mitternacht. Und am Montagmorgen bekam ich einen wichtigen Anruf, da musste ich erst etwas erledigen. Und an dem Einbruch kann ich ja sowieso nichts mehr ändern, ob ich etwas früher oder später zu Ihnen komme.

P: So so! Und ist etwas gestohlen worden?

W: Ja, deshalb bin ich ja hier. Meine Stereoanlage ist weg und mein Videorecorder. Und ein Teppich, ein Kazak, so eine alte Brücke, wahrscheinlich aus Afghanistan, bestimmt über 70 Jahre alt, noch naturfarben, wissen Sie?

P: So!

W: Nicht so wie heute mit chemischen Farbstoffen. Und außerdem ist einiges kaputt, die haben die ganze Wohnung durchsucht, und dabei ist einiges beschädigt worden. Ein paar Aktenordner lagen auf dem Boden, eine Stehlampe ist umgefallen, aus Glas, die ist kaputt, ja, und vor allem das Fenster hinten, das

Fenster vom Badezimmer, wo die eingestiegen sind, das ist natürlich ganz kaputt. Die müssen mit einer langen Leiter gekommen sein, denn normalerweise kann man da nicht rein.

P: Ach, so.

W: Ach ja, ein Bild im Wohnzimmer fehlt auch noch, eine kleine wertvolle Zeichnung aus China und eine Elfenbeinfigur aus Japan. Die ist auch weg.

Teil 2

P: Elfenbein? Die Einfuhr von Sachen aus Elfenbein ist doch verboten!

W: Ja, das stimmt, aber das ist eine alte Figur, die habe ich von meinem Vater geerbt, der hat mal in Asien gelebt, und da hat er sie mitgebracht; damals gab es diese Gesetze noch nicht.

P: So, so! Sind Sie denn versichert?

W: Zum Glück ja, ich habe auch schon bei der Versicherung angerufen, und die sagten mir, dass ich ein polizeiliches Protokoll brauche.

P: Ja, da werden wir ein Protokoll schreiben. Wissen Sie, hier wird immer häufiger eingebrochen, die Gegend hier wird immer unsicherer, da können wir gar nichts machen. Die Diebe kommen oft mit einem Auto oder Motorrad aus einer anderen Gegend und dann sind sie schnell wieder weg. Na ja, füllen Sie halt mal dieses Formular aus...

Kapitel 10

2

Wie heißt die Stadt?

Die Stadt liegt nicht weit von Dresden entfernt an der Elbe. Im 10. Jahrhundert war sie neben Hamburg und Prag ein wichtiges Handelszentrum an diesem Fluss. Noch heute besitzt sie viele Sehenswürdigkeiten aus dem Mittelalter. 1710 begann hier die erste europäische Porzellanmanufaktur ihre Arbeit; ihre Produkte machten den Namen der Stadt weltberühmt.

Kapitel 11

1

Ein Schiff wird kommen

Sie hören einen Teil des bekannten Schlagers „Mädchen von Piräus" aus dem Film „Sonntags nie!" in seiner deutschen Fassung.

Ein Schiff wird kommen, und das bringt mir den einen,
den ich so lieb wie keinen,
und der mich glücklich macht.
Ein Schiff wird kommen
und meinen Traum erfüllen
und meine Sehnsucht stillen,
die Sehnsucht mancher Nacht.

4

Bilden Sie Sätze.

Teil 1

– der Mann → Kennst du den Mann, der dort steht?
– das Mädchen →
– die Frau →
– der Junge →
– die Leute →

Teil 2

– machen → Ich kenne einen Mann, der das macht.
– können →
– machen können →
– versucht haben →
– getan haben →

Teil 3

– Mann → Ich kenne einen Mann, der das machen kann.
– Frau → Ich kenne eine Frau, die das machen kann.
– jemanden →
– Leute →

11

Sag mir, wo die Blumen sind

Sie hören die erste Strophe des Songs „Sag mir, wo die Blumen sind", gesungen von Marlene Dietrich.

Sag mir, wo die Blumen sind, wo sind sie geblieben,
sag mir, wo die Blumen sind, was ist geschehn?
Sag mir, wo die Blumen sind, Mädchen pflückten sie geschwind,
wann wird man je verstehn, wann wird man je verstehn?

Kapitel 12

6

Berlin als Hauptstadt

Sie hören fünf kurze Stellungnahmen zu dem Thema Berlin als Hauptstadt. Sie hören diese Stellungnahmen nur einmal. Markieren Sie beim Hören, ob die Antworten richtig oder falsch sind. Lesen Sie zuerst die Aufgaben 1–5.
Bis zur Wiedervereinigung Deutschlands im Jahre 1990 war Bonn die Hauptstadt der Bundesrepublik Deutschland. Dann wurde Berlin Hauptstadt und 1999 ist die Regierung von Bonn nach Berlin gezogen. Vor der Entscheidung wurde in der Bevölkerung intensiv darüber diskutiert. Hören Sie nun die Stellungnahmen.

Text 1

Berlin als Hauptstadt? Also, ich finde das gut. Berlin war auch schon früher die deutsche Hauptstadt und es ist richtig, dass Berlin nach der Wiedervereinigung wieder Hauptstadt wird. Ich meine, Berlin war doch schon immer die deutsche Hauptstadt, das weiß jeder, der Name ist bekannt. Aber Bonn? Wer kennt schon Bonn? Das ist doch nur eine kleine Universitätsstadt mit weniger als 300 000 Einwohnern, aber keine richtige Hauptstadt. Als man nach dem Krieg nicht wusste, wie es mit Deutschland weitergehen soll, hat man in Westdeutschland Bonn zur Hauptstadt gemacht, aber jetzt, wo Deutschland wieder vereinigt ist, muss Berlin wieder Hauptstadt sein.

Text 2

Ich bin Rheinländerin, komme aus Köln. Da sind es nur 20 Minuten mit dem Zug nach Bonn. Natürlich bin ich dafür, dass Bonn Hauptstadt bleibt. Von Köln gibt es auch eine direkte Zugverbindung nach Paris, und Frankreich ist doch noch immer unser wichtigster politischer Partner in Europa, oder? Und Brüssel mit seinen europäischen Institutionen ist ganz nah, und wenn Brüssel europäische Hauptstadt wird, ist es doch besser, wenn Bonn deutsche Hauptstadt bleibt. Ich verstehe zwar die Berliner, die die Hauptstadt in Berlin haben wollen, aber für mich liegt Berlin viel zu weit im Osten und hat nichts mit der Geschichte der Bundesrepublik zu tun. Berlin, das ist doch das alte Deutschland und man weiß nicht, was sich bei uns alles mit Berlin ändert! Also, ich bin gegen Berlin als Hauptstadt. (Die Sprecherin hat einen rheinländischen Akzent.)

Text 3

Natürlich ist gut, wenn Berlin wieder Hauptstadt wird. Bonn ist doch nur die Hauptstadt von Westdeutschland, aber nach der Vereinigung haben wir eine neue Situation, West- und Ostdeutschland gehören wieder zusammen und da muss man auch wieder die alte Hauptstadt haben. Deutschland liegt in der Mitte Europas, und da ist gut, wenn auch die Hauptstadt nicht so weit im Westen Deutschlands liegt, sondern näher an Osteuropa. Ich finde es auch persönlich gut, ich komme aus Leipzig und habe oft in der Hauptstadt zu tun. Und da bin ich schneller in Berlin als in Bonn. Und für die Einwohner Ostdeutschlands, also der alten DDR, ist es gut, dass das neue Deutschland demonstrativ etwas anderes ist als das alte Westdeutschland, etwas Neues für beide Teile Deutschlands. (Der Sprecher hat einen sächsischen Akzent.)

Text 4

Ich finde es völlig falsch, dass Berlin Hauptstadt wird. Bonn ist doch in Ordnung, wir haben mit Bonn eine gute Zeit erlebt, Bonn war irgendwie nicht so wichtig für uns, man spürte die Hauptstadt nicht, die Hauptstädte der Bundesländer waren wichtiger, Düsseldorf z. B., München, Hannover oder Stuttgart. Das Leben in der alten Bundesrepublik war sehr bequem. Aber mit Berlin? Ich weiß nicht, ob das nicht eine neue Republik wird, die viele Probleme mit sich bringt? Berlin wird sicher eine größere Rolle spielen als Bonn. Und wenn ich persönlich den Namen Berlin höre, muss ich immer an unsere Geschichte früher denken, und da hat Berlin keine gute Rolle gespielt.

Text 5

Mir ist es völlig egal, ob Bonn oder Berlin Hauptstadt ist. Ich finde nur, dass der Umzug nach Berlin nicht nötig ist, denn er wird viel zu teuer, und das Leben in Berlin ist natürlich auch teurer als in Bonn. Das heißt doch nur, dass auch die Regierung teurer wird, das kostet nur mehr Geld für uns. Ich verstehe nicht, warum Berlin nicht Hauptstadt werden und die Regierung trotzdem in Bonn bleiben kann. Sicher, für die Diplomaten ist Berlin natürlich viel interessanter als das kleine Bonn, aber das ist mir persönlich egal! Ich bin kein Diplomat und interessiere mich nicht für Politik, aber wenn manche Leute sagen, dass Bonn zu weit im Westen liegt, ist das kein Argument für mich, denn dann liegt Berlin zu weit im Osten, bis Polen sind es doch nur ungefähr sechzig Kilometer. Und die geografische Lage spielt doch heute keine Rolle mehr bei den modernen Kommunikationsmöglichkeiten.

Kapitel 13

3

Antworten Sie.

– Meinst du, dass das stimmt? → Ja, das könnte stimmen.

– Meinst du, dass er noch kommt? → Ja, er könnte noch kommen.

– Meinst du, dass sie noch kommen? →

– Meinst du, dass das so geht? →

– Meinst du, dass wir eingeladen werden? →

11

Einladung zum Abendessen

Schulz: Ja, Schulz!

Lehmann: Guten Abend, Herr Schulz. Hier Lehmann.

S: Ah, Herr Lehmann, guten Abend! Wie geht es Ihnen?

L: Danke, uns geht es gut. Und Ihnen?

S: Danke, gut. Viel Arbeit, aber sonst ist alles o.k. Was gibt's denn?

L: Ja, was ich Sie fragen wollte, warum ich anrufe ... Also, meine Frau und ich, wir würden Sie gerne zu uns zum Essen einladen.

S: Das ist schön. Gibt es einen besonderen Anlass?

L: Nein, nicht direkt, wir haben uns nur so lange nicht gesehen und meinten, dass es schön wäre, Sie wieder einmal bei uns zu haben. Außerdem haben wir jetzt eine größere Wohnung, mit einem eigenen Esszimmer, da ist es leichter, Gäste zu haben.

S: Ja, also, wir würden gerne kommen. Wann soll es denn sein?

L: Wenn es Ihnen recht ist, würden wir Sie gerne nächste Woche am Freitag bei uns haben. Könnten Sie da kommen?

S: Am Freitag nächster Woche? Schade, nein, da geht es nicht, da gehen wir ins Theater und wir haben schon die Karten.

L: Also am Freitag geht es nicht. Schade! Wann hätten Sie denn Zeit? Ginge es vielleicht einen Tag später? Am Samstag?

S: Am Samstag wären wir noch frei, da ginge es.

L: Fein, dann also am Samstag. Sagen wir gegen acht Uhr? Könnten Sie da bei uns sein?

S: Ja, das ginge. Sagen Sie, wo wohnen Sie denn jetzt? Können Sie mir bitte Ihre neue Adresse geben?

L: Ach ja, also, die Wohnung liegt etwas außerhalb, in Schönbuch, Sie wissen schon, der neue Vorort. Also in Schönbuch, Gartenallee 63. Finden Sie dorthin?

S: Ja, das ist kein Problem! Und ich habe ja auch einen Stadtplan. Schönbuch kenne ich. Gartenallee 63, das werde ich schon finden. Also, noch einmal herzlichen Dank für die Einladung.

L: Nichts zu danken, wir freuen uns. Bis Samstag also.

S: Ja, bis nächsten Samstag. Und grüßen Sie bitte Ihre Frau von mir.

L: Danke schön, ich werde die Grüße an meine Frau ausrichten. Auf Wiederhören.

13

Nachrichten hinterlassen

Herr und Frau Schulz sind heute nicht zu Hause. Rüdiger ist Student und arbeitet bei ihnen als Babysitter. An diesem Abend kommen vier Anrufe für die Schulzes. Die Anrufer wollen Nachrichten hinterlassen und Rüdiger muss diese Nachrichten aufschreiben.

Text 1

Rüdiger: Ja?

Frau Malmann: Hallo, könnte ich bitte den Karl sprechen?

R: Herr Schulz ist nicht da. Soll ich ihm was sagen?

M: Hm, äh, ja, bitte sagen Sie ihm, dass er mich noch heute anrufen soll, vor elf, aber nicht später, denn dann schlafe ich schon. Oder morgen früh, so gegen sieben, bevor ich zur Arbeit gehe, ja?

R: Geht in Ordnung, heute bis elf, oder morgen gegen sieben. Hat er Ihre Nummer?

M: Ja, 73 56 38, die hat er, oh, Entschuldigung, ich heiße Malmann, Regina Malmann. Bitte grüßen Sie den Karl von mir, ja?

R: Ja, werd' ich tun.

M: Und Entschuldigung, dass ich Sie gestört habe!

R: Ist schon in Ordnung.

M: Also, auf Wiederhören dann, auf Wiederhören!

R: Wiederhör'n!

Text 2

Rüdiger: Hier bei Schulz.

Herr Strelka: Strelka, kann ich bitte Herrn Schulz sprechen?

R: Herr Schulz ist nicht hier. Ich arbeite hier als Babysitter.

S: Ah, Entschuldigung, tja, hm, vielleicht können Sie mir helfen. Kann ich eine Nachricht für Herrn Schulz hinterlassen?

R: Ja, bitte schön, was soll ich ihm sagen?

S: Ja, ich sollte morgen Vormittag bei Herrn Schulz im Büro sein, um halb zehn, aber ich kann da nicht. Ich möchte später kommen, am Nachmittag, ab zwei Uhr, ja?

R: In Ordnung, ich werd's ihm sagen. Wie ist Ihr Name noch mal?

S: Strelka, bitte sagen Sie Herrn Schulz, er kann mich jederzeit anrufen, ich bin in Bremen, im Hotel Deutsche Eiche. Telefon 35 78 62, Zimmer Nr. 263, ja, haben Sie es?

R: Ja, Hotel Deutsche Eiche in Bremen, Tel. 35 78 62, Zimmer 263, Herr Strelka. Haben Sie die Vorwahlnummer von Bremen?

S: Ja, einen Augenblick, ja, hier, 0421.

R: O.k., geht in Ordnung, ich werde Herrn Schulz benachrichtigen.

S: Also, herzlichen Dank, und bitte nicht vergessen, ja?

R: Nein, bestimmt nicht, ich hab's aufgeschrieben.

S: Also, nochmals danke schön und auf Wiederhören.

R: Wiederhör'n!

Text 3

Rüdiger: Bei Schulz, guten Abend.

Kollege: Guten Abend, könnte ich bitte mit Herrn Schulz sprechen?

R: Herr Schulz ist nicht da.

K: Und wann kommt er bitte wieder?

R: Das weiß ich nicht. Worum geht es denn?

K: Entschuldigen Sie meine Frage, aber wer sind Sie?

R: Ich bin hier der Babysitter, wieso?

K: Ach so, also ich bin ein Arbeitskollege von Herrn Schulz und möchte ihm etwas mitteilen, aber es darf sonst niemand erfahren.

R: Ich kann ihm ja etwas aufschreiben.

K: Aber den Zettel darf nur Herr Schulz sehen.

R: Ja, das geht schon zu machen, das mach' ich schon. Was ist es denn?

K: Also, bitte sagen Sie oder schreiben Sie Herrn Schulz, aber bitte so, wirklich so, dass das niemand liest. Also Herr Schulz soll morgen früh pünktlich im Büro sein. Und er soll eine gute Erklärung dafür haben, dass er heute so früh weggegangen ist. Der Chef hat das gemerkt, und ich denke, dass er morgen ziemlich böse sein wird. Also, Herr Schulz soll sich eine gute Erklärung ausdenken.

R: Gut, ich werde ihm das persönlich mitteilen, Sie können sich auf mich verlassen, ich mach' das schon. Soll ich ihm Ihren Namen nennen?

K: Oh, Entschuldigung, dass ich den nicht genannt habe, sagen Sie ihm, Franz hat angerufen, das genügt.

R: In Ordnung, eine Nachricht von Franz.

K: Dankeschön auch und auf Wiedersehen!

R: Wiederseh'n!

Text 4

Rüdiger: Hallo?

Linda: Hallo, Karl. Gitta hier, wie geht's?

R: Entschuldigung, ich bin nicht Karl, ich heiße Rüdiger, ich arbeite hier bei Schulzes als Babysitter.

L: Entschuldigung, Sie klingen ganz wie Karl, ich meine, wie Herr Schulz. Ich wollte eigentlich Frau Schulz sprechen, ist sie nicht da?

R: Nein, Schulzes sind ausgegangen, sie kommen erst nach Mitternacht wieder. Soll ich ihnen etwas ausrichten?

L: Nein, nicht nötig, sagen Sie Anne, ich meine Frau Schulz, nur, dass ich angerufen, ich meine, dass Gitta angerufen hat, dann weiß sie schon Bescheid, oder, nein, vielleicht sagen Sie ihr doch, dass sie mich morgen Vormittag anrufen soll, zu Hause, so gegen elf, wenn's geht, ja, ich wollte mit ihr über Samstag sprechen, über die Geburtstagsparty, mein Freund hat nämlich Geburtstag, und da wollten wir zusammen eine Party bei mir machen, und Anne wollte mir helfen, aber darüber können wir morgen sprechen. Warum erzähle ich das Ihnen eigentlich alles? Entschuldigung, also seien Sie so lieb und sagen Sie Frau Schulz, dass ich angerufen habe, ja, Gitta, hm?

R: Geht in Ordnung.

L: Also dann herzlichen Dank und Entschuldigung, dass ich Sie gestört habe, ich wollte nur mit Anne sprechen, ich wusste nicht, dass sie nicht zu Hause ist, also tschüs denn.

R: Ciao.

Kapitel 14

3

Interview mit German Kral

Sie hören ein Interview mit dem jungen Filmemacher German Kral. Er kommt aus Argentinien und lebt in Deutschland.

Interviewer:	German, du lebst jetzt schon einige Jahre in Deutschland, nicht wahr, und sprichst auch gut Deutsch. Hast du das hier in Deutschland gelernt?
German:	Nein, Deutsch habe ich schon zu Hause gelernt.
I:	In der Schule?
G:	Nein, am Goethe-Institut in Buenos Aires.
I:	Aha, sag mal, und warum hast du Deutsch gelernt? Ich meine, Spanisch wird doch außer in Brasilien in allen Ländern Südamerikas gesprochen. Kommen deine Eltern aus Deutschland? Kral ist doch kein spanischer Name, oder?
G:	Nein, das nicht, es ist ein tschechischer Name, mein Großvater ist als Kind nach Argentinien ausgewandert. Ich selbst bin von Deutschland irgendwie fasziniert, von seiner Leistung, seiner Ordnung, ich weiß nicht, es ist schwer, das richtig zu beschreiben. Deutschland war irgendwie ein Mythos für mich.
I:	Woher hast du denn diese Ideen bekommen? Von deinen Eltern, von der Schule?
G:	Ich weiß es nicht. Ich habe schon in jungen Jahren deutsche Autoren gelesen, Nietzsche zum Beispiel, und das hat mich beeindruckt
I:	Auf Deutsch?
G:	Nein, natürlich auf Spanisch. Ja, und später habe ich auch Rilke gelesen, Gedichte, seine Briefe an einen jungen Dichter. Ich finde Rilke unglaublich. Und da wollte ich Deutsch lernen, um solche Texte auch im Original lesen zu können. Und am Goethe-Institut habe ich dann viele deutsche Filme gesehen, vor allem aber Wim Wenders hat mich sehr beeindruckt. „Alice in the cities", „Falsche Bewegung", „Der Stand der Dinge", „Himmel über Berlin" usw. Das wurde dann mein Traum: Ich musste nach Deutschland, musste Wim Wenders persönlich kennen lernen ...
I:	Und das hast du ja auch geschafft. Sag mal, war es schwer?
G:	Leicht war es nicht ... ich hatte natürlich Probleme mit der Sprache, und ich konnte auch nicht sofort auf eine Filmhochschule. Ich war ein Jahr Gasthörer und erst dann bekam ich einen regulären Studienplatz an der Münchner Filmhochschule.
I:	Und wie ist es nun in Deutschland? So, wie du es erwartet hast? Oder möchtest du lieber sofort nach Argentinien zurück?
G:	Also, leicht war es nicht, wie ich gesagt habe, und ich finde es immer noch schwer. Ich merke so oft, dass ich Ausländer bin. Es fällt mir z. B. manchmal schwer, Deutsch zu sprechen, wie jetzt bei diesem Interview. Ich sehe im Gesicht des anderen immer, wenn ich Fehler mache, aber man korrigiert mich nicht, weil man mir meine Fehler nicht zeigen will, aber das ist falsch, denn ich will ja lernen und das kann ich nur, wenn mir jemand sagt, was ich falsch mache. Ich muss dir sagen, Peter, manchmal denke ich, dass die Deutschen Angst vor dem Kontakt mit dem Anderen haben.
I:	Mhm, das klingt nicht so gut. Aber geblieben bist du ja trotzdem. Sag mal, hast du Wim Wenders dann persönlich kennen gelernt?
G:	Ja, in Berlin. Das war unglaublich, und als ich dann vor ihm endlich stand, habe ich kein Wort sprechen können, so nervös war ich. Später habe ich ganz großes Glück gehabt und konnte mit anderen Studenten der Münchner Filmhochschule zusammen mit Wim Wenders einen Film machen. Da habe ich wahnsinnig viel gelernt und das war ganz wichtig für meine Arbeit.
	Am Ende dieses Films habe ich dann mit einem Freund, Florian Gallenberger, einen Kurzfilm gemacht, den „Tango Berlin", bei dem sogar Wim Wenders mitspielte.

I: Du hast den Kurzfilm „Tango Berlin" erwähnt. Gibt es noch andere Filme von dir?

G: Ja, aber „Tango Berlin" war sehr wichtig für mich. Der war 1994 bei der Biennale in Venedig der einzige deutsche Kurzfilm im Wettbewerb. Davor habe ich einen Dreißig-Minuten-Film gedreht mit dem Titel „Geschichte der Wüsten", der auch im Norden von Argentinien am Rande der Anden spielt. Und mein neuester Film „Buenos Aires, meine Geschichte" spielt vor allem in Buenos Aires. Ich habe da die Geschichte meiner Familie und meiner Eltern erzählt.

I: Ja, den hab ich im Bayerischen Fernsehen gesehen. Hast du dafür nicht auch einen Preis, ich glaube in Japan, bekommen?

G: Ja, das war bei einem internationalen Dokumentarfilmfestival 1999, da habe ich den 1. Preis bekommen. Das war eine große Überraschung, und das hat mich riesig gefreut.

I: Also, das finde ich fantastisch, herzlichen Glückwunsch dazu. Sag mal, hast du auch schon neue Projekte?

G: Ja, aber solange ein Film nicht gemacht wurde, ist es besser, nicht darüber zu sprechen.

I: Ok, das verstehe ich.

Kapitel 15

1

Hören und antworten Sie.

– Er hat studiert. → Ich hätte auch studiert.
– Er ist Arzt geworden. → Ich wäre auch Arzt geworden.
– Er hat eine reiche Frau geheiratet.
– Sie sind ausgewandert.
– Sie sind nicht geblieben.

10

Wenn nur die Noten besser wären!

Sie hören den Monolog einer Mutter, die sich Sorgen um ihre Tochter macht.

Also, meine Tochter, die ist ja ganz in Ordnung. In der Schule ist sie nicht schlecht, nur die Noten, die könnten besser sein! Wenn sie nur nicht so faul wäre! Aber sie hat keine Lust zu lernen. Ich wünschte, sie hätte etwas mehr Interesse an der Schule. Aber sie tut so, als ob sie schon alles wüsste.

Und abends kommt sie immer so spät nach Haus. Ich wäre froh, wenn sie nicht immer so lange wegbliebe, aber da kann man nichts machen, sie tut, was sie will. Wenn sie nur etwas mehr auf mich hören würde!

Sie ist immer mit Jungs zusammen, die trinken und Motorrad fahren. Ich hoffe nur, dass ihr nichts passiert und dass sie keinen Unfall hat oder so. Stellen Sie sich doch vor, es würde etwas passieren, sie nähme Drogen oder so was, dann müsste ich mir mein ganzes Leben lang Vorwürfe machen! Ach, wenn meine Tochter doch nur etwas vernünftiger wäre!

9

Mikko will verreisen

Sie hören ein internationales Telefongespräch zwischen Erich und seinem Freund Mikko.

Mikko: Hallo Erich, hier Mikko.

Erich: Ja Mikko, grüß dich, mein Lieber, wie geht es denn so?

M: Du, Erich, ich hätte die Möglichkeit, dich in zwei Wochen zu besuchen. Geht das?

E: Ja, wie kommt denn das? Musst du nicht studieren? Einfach so weg?

M: Ja, lass mal, ich hab 'ne billige Möglichkeit, ich kann über einen Freund, der arbeitet in einem Reisebüro, ein Ticket bekommen. Holzklasse natürlich, nicht wie du in Business, aber immerhin.

E: Also Mikko, ich würde mich freuen, wenn du kommen würdest. Natürlich kannst du bei mir wohnen. Du kannst dein eigenes Zimmer haben, und zu essen habe ich auch genug für uns.

M: Irre!

Tests zu den Kapiteln

1   *Ergänzen Sie.*

Wer zuletzt lacht, lacht *am besten*.

1.   Was trinkst du _____? Rotwein oder Weißwein?   1
2.   Viele Leute meinen, dass in der ganzen Welt die Reichen immer reicher
     und die Armen immer _____ werden.   1
3.   Welcher Wagen kostet _____? Der Opel oder der Ford? –   1
     Das kann man so nicht sagen, das ist eine Frage des Modells.
4.   Wo steht der _____ Berg Amerikas? – Ich denke in Südamerika.   1
5.   Der Flug um 11.10 nach Frankfurt ist ausgebucht. – Und wann geht der
     _____ Flug? – Eine Stunde _____, um 12.10 Uhr.   1+1
6.   Die Schuhe hier sind mir zu klein. Haben Sie keine _____?   1
7.   Sie ist bestimmt schon fünfzig Jahre alt. – Was? Sie sieht zehn Jahre
     _____ aus, ich dachte, sie ist um die vierzig.   1
8.   Sao Paulo hat ungefähr so viele Einwohner _____ das Land   1
     Niedersachsen.
9.   Mexico City ist noch größer _____ Sao Paulo.   1
                                                                                        _____
                                                                                            10

2   *Ergänzen Sie.*

Wer zuletzt lacht, lacht am besten.

1.   Ist das alles, _____ du weißt?   1
2.   Mach, _____ du willst.   1
3.   _____ das gesagt hat, hat gelogen.   1
4.   _____ er gesagt hat, ist falsch.   1
5.   Es gibt nur eine Stadt, _____ ich leben möchte.   1
                                                                                        _____
                                                                                             5

3   *Ergänzen Sie.*

Die Wohnung *ist* teuer, die *würden* wir nicht nehmen.

Der Regen hier ist furchtbar, ich _____ jetzt gern im Süden   1
in der Sonne. – Ja, ich _____ jetzt auch gern Urlaub machen.   1
Aber nicht im Süden, sondern in den USA. – Ja, eine Reise nach Amerika
_____ auch schön, aber leider _____ wir hier   1+1
bleiben und arbeiten, denn wir _____ noch keinen Urlaub.   1
                                                                                        _____
                                                                                             5

                                                                                        _____
                                                                                            20

Test 2
(Kapitel 3 und 4)

Name: ████████████████████████
Klasse: █████████
Datum: ██/██/████

1 *Präteritum, Perfekt oder Plusquamperfekt?*

Als ich das hörte, _____ . (froh sein)
Als ich das hörte, *war ich froh.*

1. Ich glaube nicht, was er sagt, er _____. 1
   (schon zweimal lügen)
2. Was wollte der Chef von dir? – Er wollte wissen, wo ich gestern
   _____. (sein) 1
3. Gestern _____ (ich früh aufstehen) und ins Institut 1
   _____ (gehen). Aber das Institut _____ 1+1
   (geschlossen sein); niemand _____ (mich informieren) – 1
   Und dann? – Zuerst war ich wütend, aber dann _____ 1
   (sich freuen).

   _____
   7

2 *wenn, als oder nachdem?*

Wenn ich Zeit habe, komme ich.

1. Jedesmal, _____ ich ihn kritisiere, wird er wütend. 1
2. _____ ich ihm das sagte, wurde er rot. 1
3. _____ ich ihm das gesagt hatte, stand er auf und ging wortlos 1
   aus dem Zimmer.
4. _____ ich die Schule hinter mir hatte, war ich sehr froh. 1

   _____
   4

3 *Ergänzen Sie.*

Als ich nach Deutschland *kam* (kommen), _____ ich keinen Menschen 1
(kennen). Abends _____ ich nicht (wissen), was ich machen sollte. Eines 1
Tages _____ ich einen Mann kennen (lernen). Er hieß Franziskus, aber alle 1
_____ ihn Franzl (nennen); ich _____ ihn sehr (mögen). Alle 1+1
Leute _____ (denken), dass wir heiraten werden. 1

   _____
   6

4 *Formen Sie um.*

Vor dem Einschlafen sehe ich immer etwas fern.
Bevor ich einschlafe, sehe ich immer etwas fern.

1. Als wir mit der Arbeit fertig waren, gingen wir in eine Kneipe.

   _____ 2

2. Obwohl sie Nachteile hat, gefällt mir die Wohnung.

   _____ 2

3. Weil es regnete, bekamen wir kein Taxi.

   _____ 2

4. Bei unserer Abfahrt regnete es wieder.

   _____ 2
   ___
   8

5 *Wie heißen die Verben, Nomen und Artikel?*

unterscheiden – *der Unterschied*

1. sprechen – _____ 1
2. _____ – die Lage 1
3. _____ – das Verbot 1
4. ankommen – _____ 1
5. tun – _____ 1
   ___
   5

   ___
   30

Test 3
(Kapitel 5 und 6)

Name: ▪▪▪▪▪▪▪▪▪▪▪▪▪▪▪▪▪▪▪▪▪▪▪

Klasse: ▪▪▪▪▪▪▪▪▪

Datum: ▪▪/▪▪/▪▪▪▪

1 Mit oder ohne zu?

Ich habe keine Lust, ins Kino _zu gehen_. (gehen)

1.	Muss ich das ganze Formular _____? – Nein, Sie brauchen	1
	nicht alles _____, Sie brauchen nur rechts unten	1
	_____. (ausfüllen; ausfüllen; unterschreiben)	1
2.	Ich möchte mich noch einmal recht herzlich für den schönen Abend bei Ihnen	
	_____. Es war sehr schön, dass Sie so viel Zeit für mich gehabt	1
	_____ und es war sehr interessant für mich, Ihnen	1
	_____.	1
	Es würde mich freuen, Sie einmal _____. (bedanken; haben;	1
	zuhören; wiedersehen)	
3.	Ich brauche jetzt unbedingt zwei, drei Tage Ruhe um mich _____.	1
	Aber leider habe ich keine Zeit mich _____, denn im Büro habe ich	1
	viel _____. Da ist leider nichts _____. Ich	1+1
	scheine eine Erkältung _____, aber ich hoffe trotzdem, morgen	1
	ins Büro _____.	1
	Auf jeden Fall werde ich am Wochenende im Bett bleiben um mich richtig	
	_____. (erholen; ausruhen; tun; machen; bekommen; können;	
	ausschlafen)	1

_____

14

2 Ergänzen Sie hin oder her.

Komm _her_!

1.	Ich bin müde. – Leg dich doch _____ und schlaf ein bisschen!	1
2.	Gib sofort das Foto _____, das ist mein Foto!	1
3.	Setz dich _____ und erzähl, was passiert ist!	1
4.	Morgen gibt es ein Rockkonzert. Gehen wir _____?	1

_____

4

3 Ergänzen Sie.

Es klopft und Sie sagen: _Herein!_

1.	Können wir schon in den Saal? – Nein, Sie können noch nicht _____,	1
	der Saal ist noch nicht auf. Sie müssen noch etwas warten.	
2.	Wie komme ich denn auf die andere Straßenseite? – Dort ist ein Fußgänger-	
	übergang, da können Sie _____.	1
3.	Oben auf dem Fernsehturm kann man herrlich weit sehen. – Fahren wir	
	_____? – Das könnt ihr allein tun, ich bleibe lieber hier	1
	und warte, bis ihr wieder _____ kommt.	1

_____

4

4   *Formen Sie um.*

Lass das! *Tu das nicht!*

1.   Das lässt sich ändern.

_____   2

2.   Sie lässt ihren Sohn machen, was er will.

_____   2

3.   Bitte nimm die Zeitung nicht mit!

_____   2

4.   Ich habe den Apparat zur Reparatur gebracht.

_____   2

_____

8

_____

30

Test 4
(Kapitel 7)

Name: ▨▨▨▨▨▨▨▨▨▨▨▨▨▨▨▨▨▨▨▨▨▨

Klasse: ▨▨▨▨▨▨▨▨

Datum: ▨▨/▨▨/▨▨▨▨

1 *Schreiben Sie Antworten.*

Warum soll ich ruhig sein? – (Er schläft.)
Weil er schläft.

1. Warum willst du nach London? – (Ich kenne die Stadt noch nicht.)
   _____ 2

2. Wozu tust du das? – (Ich will ihn ärgern.)
   _____ 2

3. Wozu tust du das? – (Er soll sich ärgern.)
   _____ 2

4. Wozu schicken Sie Ihre Tochter nach Frankreich? – (Sie soll mehr Französisch lernen.)
   _____ 2

5. Wozu geht sie nach Spanien? – (Sie möchte ihr Spanisch nicht vergessen.)
   _____ 2

   _____
   10

2 *Antworten Sie negativ.*

Kommt er aus Neustadt? – Nein, *er kommt nicht aus Neustadt.*

1. Spielt er so gut Tennis wie du? –
   Nein, _____ 2

2. Hat er mit dir darüber geredet? –
   Nein, _____ 2

3. Können Sie ihn morgen abholen?
   Nein, _____ 2

   _____
   6

3 *Wie heißt das Gegenteil?*

Er ist <u>nirgends</u> gewesen. *Er ist überall gewesen.*

1. Das habe ich <u>immer</u> gesagt.
   _____ 1

2. <u>Jemand</u> hat angerufen.
   _____ 1

3. Ich habe <u>alles</u> verstanden
   _____ 1

4. Das hat <u>keiner</u> gewusst.
   _____ 1

   _____
   4

   _____
   20

Test 5

(Kapitel 9 und 10)

Name: ▪▪▪▪▪▪▪▪▪▪▪▪▪▪▪▪▪▪▪▪▪▪

Klasse: ▪▪▪▪▪▪▪▪▪

Datum: ▪▪/▪▪/▪▪▪▪

1 *Ergänzen Sie Formen von werden.*

Renate will Ärztin <u>werden</u>.

Ist Jürgen krank? – Ja, gestern ist er ins Krankenhaus gebracht _____,   1
er musste operiert _____. Es ist nur eine einfache Operation und ich hoffe,   1
dass er nach einer Woche nach Hause kann. – Normalerweise _____ Patienten   1
mit einer leichten Operation schnell wieder nach Hause geschickt. Ich _____   1
morgen im Krankenhaus anrufen.

_____

4

2 *Bilden Sie Sätze. Aktiv oder Passiv?*

1492 – Kolumbus – <u>Unterschrift</u> – ein Vertrag mit dem spanischen König
<u>1492 unterschrieb Kolumbus einen Vertrag mit dem spanischen König.</u>

1.   1492 – <u>Entdeckung</u> Amerikas
     _____   1

2.   Christoph Kolumbus – <u>Geburt</u> in Genua im Jahre 1451
     _____   1

3.   1485 – <u>Reise</u> – Kolumbus – nach Spanien
     _____   1

4.   <u>Tod</u> – Kolumbus – im Mai 1506
     _____   1

5.   <u>Nennung</u> vieler Plätze und Straßen in Südamerika nach Kolumbus
     _____   2

_____

6

3 *Was muss geschehen? Schreiben Sie im Passiv.*

1.   (Das Auto ist kaputt.)
     _____   2

2.   (Die Mitarbeiter haben keine Information bekommen.)
     _____   2

3.   (Das Theater war zerstört.)
     _____   2

_____

6

4 *Bilden Sie Sätze.*

Amerika wurde entdeckt. (1492 – von Kolumbus)
Amerika wurde 1492 von Kolumbus entdeckt.

1. Kolumbus landete in Mittelamerika. (nach einer schweren Reise – 1492 – mit einer müden Mannschaft)

   _____

   _____ 1

2. Viele Seeleute waren krank geworden. (während der langen Reise – wegen des schlechten Essens – auf den Schiffen)

   _____

   _____ 2

3. Die Spanier gingen an Land. (nicht sofort – trotz ihres Hungers – nach der Ankunft)

   _____

   _____ 2

4. Sie wurden begrüßt. (von den fremden Menschen – als sie an Land kamen – freundlich)

   _____

   _____ 2
   ____
   7

5 *sein oder werden?*

Wann *wird* das Fußballspiel übertragen? – Das Spiel *ist* doch schon vorbei.

Die Bank _____ geschlossen. Weißt du, wann sie geöffnet _____? –	1+1
Ich glaube, die Banken _____ morgens um 8.30 Uhr geöffnet, aber ich weiß es	1
nicht genau. Um 9 Uhr _____ sie aber ganz sicher auf. – Und nachmittags? –	1
Das weiß ich nicht. Einige Banken _____ auch in der Mittagszeit geöffnet, andere	1
_____ zwei Stunden geschlossen, aber um zwei Uhr _____ alle wieder	1+1
offen.	

7

____

30

Test 6
(Kapitel 11 und 12)

Name: ▨▨▨▨▨▨▨▨▨▨▨▨▨▨▨▨▨▨▨▨

Klasse: ▨▨▨▨▨▨▨▨

Datum: ▨▨/▨▨/▨▨▨▨

1   Ergänzen Sie.

Das Paket, _das_ ich vorige Woche abgeschickt habe, ist noch nicht angekommen.

1.	Kennst du den Mann, _____ dort steht?	1
2.	Soll ich das Auto kaufen? – Ich würde nie ein Auto kaufen, _____ schon fast 100.000 km gefahren ist. – Aber ich brauche nur ganz wenig für den Wagen zu zahlen und der Mann, von _____ ich es kaufe, ist in Ordnung.	1 1
3.	Ich würde nichts von Leuten kaufen, _____ ich nicht kenne.	1
4.	Endlich hat sie einen Freund, _____ zu ihr passt, mit _____ sie glücklich ist und _____ auch ihre Eltern mögen.	1+1 1
5.	Was für Leute sind das, bei _____ wir morgen abend eingeladen sind? – Mit ihm habe ich geschäftlich zu tun, aber seine Frau kenne ich nicht. Es ist halt eine Party, zu _____ alle eingeladen werden, _____ man irgendwann einmal einladen muss.	1 1+1

10

2   Verbinden Sie die Sätze.

Wer ist die Frau? Du hast mit ihr gesprochen.
Wer ist die Frau, mit der du gesprochen hast?

1.   Der Mann ist mein Chef. Ich habe ihn gerade gegrüßt.

    _____   2

2.   Die Männer sind wichtige Geschäftspartner. Wir treffen die Männer heute beim Mittagessen.

    _____

    _____   2

4

3   Ergänzen Sie die Endungen.

Berlin Anfang des 20. Jahrhundert_s_

Die Zwanzigerjahre, die golden_____ Jahre Berlin_____, waren eine faszinierend_____   1+1+1
Zeit. Berlin war nicht nur die Hauptstadt des Deutsch_____ Reich_____, sondern auch   1+1
die interessantest_____ Stadt und das kulturell_____ Zentrum Deutschland_____.   1+1+1
Die Berlin_____ Atmosphäre war wie ein Magnet. Aus viel_____ Ländern kamen   1+1
jung_____ Mensch_____ zum Studium nach Berlin. Als die Nazi_____ Anfang der   1+1+1
Dreißigerjahre an die Regierung kamen, änderte sich alles.

13

4   *Ergänzen Sie die Satzzeichen.*

Komm her<u>!</u>

Wenn Sie so weitermachen lieber Herr Lüders sagte der Chef wenn Sie so weitermachen dann weiß ich nicht ob Sie hier weiter arbeiten können   max. 3

$$\frac{}{3}$$

$$\frac{}{\mathbf{30}}$$

Test 7

(Kapitel 13 und 14)

1   *Ergänzen Sie.*

Ich *würde* gerne Urlaub machen, aber ich *habe* kein Geld.

Bei Firma Bunge ist eine Stelle frei, die Stelle _____ ich gern. Es   1
_____ herrlich, wenn ich sie bekäme! Ich _____ dann ein eigenes   1+1
Büro mit Telefon und Computer und ich _____ mehr Geld verdienen und   1
_____ endlich eine größere Wohnung mieten. Ich _____ mich auf   1+1
jeden Fall um die Stelle bewerben. Ich glaube zwar nicht, dass ich sie _____,   1
es _____ sicher besser qualifizierte Bewerber, aber wenn ich sie bekäme,   1
_____ ich keinen Tag länger bei meiner jetzigen Firma bleiben.   1

                                                                       9

2   *Formulieren Sie eine höfliche Frage.*

(Sie möchten den Zucker haben.) *Könnte ich bitte den Zucker haben?*

(Sie möchten von Ihren Freunden morgen früh abgeholt werden.)

_____   1

                                                                      1

3   *Schreiben Sie Kommentare, Empfehlungen usw. Benutzen Sie zu jedem Satz ein anderes Verb.*

Alleine durch Afrika reisen? *Das wäre mir zu gefährlich.*

1.   Jeden Morgen um fünf Uhr aufstehen?

_____   1

2.   100 000 Mark für ein Auto?

_____   1

3.   Drei Jahre in Alaska arbeiten?

_____   1

4.   Chinesisch studieren?

_____   1

                                                                      4

4   *Was empfehlen Sie?*

Ich habe Durst. *Du solltest etwas trinken.*

1. Ich fühle mich krank.

    _____   2

2. Er ist zu dick. _____   2

3. Wir haben am Monatsende nie Geld.

    _____   2
                                                            _____
                                                              6

                                                            _____
                                                             20

Test 8
(Kapitel 15 und 16)

Name: ▧▧▧▧▧▧▧▧▧▧▧▧▧▧▧▧▧▧▧▧▧▧▧▧▧

Klasse: ▧▧▧▧▧▧▧▧

Datum: ▧▧/▧▧/▧▧▧▧

1   *Ergänzen Sie.*

Wenn er nur seinen Mund *hielte*!

1.	Junge, wenn du nur vernünftig _____!	1
2.	Kinder, wenn ihr nur nicht immer so unvorsichtig _____!	1
3.	Ach Inge, wenn du mir das bloß früher gesagt _____!	1
4.	Wenn wir bloß etwas mehr Zeit _____!	1
5.	Wenn sie nur nicht mit allen Männern flirten _____!	1

               5

2   *Ergänzen Sie.*

1.	Sie ist gar nicht reich, aber sie tut immer so, als _____	1
2.	Ich kenne ihn nicht, aber er tut so, als _____	2
3.	Er weiß nichts, aber er tut immer so, als _____	2

               5

3   *Ergänzen Sie.*

Ich hatte leider keine Zeit und konnte nicht kommen. Aber wenn ich _____

_____   max.3

               3

4   *Ergänzen Sie.*

Ich habe nichts Neu*es* gehört.

1.	Ich habe jed_____ gefragt, all_____ waren einverstanden, kein_____ war dagegen.	1+1+1
2.	Sie waren mit all_____ einverstanden, was ich sagte.	1
3.	Es ist nicht schön, wenn man niemand_____ hat, der ein_____ helfen kann.	1+1

               6

5 *Ergänzen Sie.*

Werden Sie schon bedient? – Nein, *noch nicht*.

1.	Waren Sie schon einmal dort? – Nein, _____.	1
2.	Hast du schon etwas gehört? – Nein, _____.	1
3.	Bist du schon lange hier? – Nein, ich bin _____ vor zwei Minuten gekommen.	1
4.	Die beiden sind _____ vier Monate verheiratet und haben schon ein Kind!	1
5.	Ich bin schon einen Monat hier, aber ich habe _____ Wohnung gefunden.	1

_____

5

6 **Was schreibt Werner? Berichten Sie.**

„Ich warte auf euren Besuch."
Werner schreibt, er warte auf unseren Besuch.

1. „Hier hat es eine Epidemie gegeben. Viele Leute haben im Bett gelegen."

_____

_____ 1+1+1

2. „Auch ich bin krank gewesen, aber ich darf schon wieder aufstehen."

_____

_____ 1+1+1

_____

6

_____

30

Lösungen: Tests 1–8

Hinweis: Ein Schrägstrich (/) bedeutet eine weitere Lösungsmöglichkeit.

Test 1

1
1. lieber
2. ärmer
3. mehr / weniger
4. höchste
5. nächste – später
6. größeren
7. jünger
8. wie
9. als

2
1. was
2. was
3. Wer
4. Was
5. wo

3 wäre – würde – wäre – müssen – haben

Test 2

1
1. hat schon zweimal gelogen
2. gewesen bin / war
3. bin ich früh aufgestanden – gegangen – war geschlossen – hatte mich informiert – habe ich mich gefreut

2
1. wenn
2. Als
3. Nachdem
4. Als

3 kannte – wusste – lernte – nannten – mochte – dachten

4
1. Nach der Arbeit
2. Trotz ihrer / der Nachteile
3. Wegen des Regens
4. Als wir abfuhren

5
1. die Sprache
2. liegen
3. verbieten
4. die Ankunft
5. die Tat

Test 3

1
1. ausfüllen – auszufüllen – zu unterschreiben
2. bedanken – haben – zuzuhören – wiederzusehen
3. zu erholen – auszuruhen – zu tun – zu machen – zu bekommen – zu können – auszuschlafen

2	1. hin
	2. her
	3. hin
	4. hin

3	1. hinein / rein
	2. hinüber / rüber
	3. hinauf / rauf – herunter / runter

4	1. Das kann man ändern.
	2. Ihr Sohn darf / kann machen, was er will.
	3. Bitte lass die Zeitung hier.
	4. Ich lasse den Apparat reparieren.

Test 4

1   1. Weil ich die Stadt noch nicht kenne.
    2. Um ihn zu ärgern.
    3. Damit er sich ärgert.
    4. Damit sie mehr Französisch lernt.
    5. Um ihr Spanisch nicht zu vergessen.

2   1. Nein, er spielt nicht so gut Tennis wie ich.
    2. Nein, er hat nicht mit mir / mit mir nicht darüber geredet.
    3. Nein, ich kann ihn morgen nicht abholen.

3   1. Das habe ich nie / niemals gesagt.
    2. Niemand / Keiner hat angerufen.
    3. Ich habe nichts verstanden.
    4. Das hat jeder gewusst. / Das haben alle gewusst.

Test 5

1   worden – werden – werden – werde

2   1. Amerika wurde 1492 entdeckt.
    2. Christoph Kolumbus wurde im Jahre 1451 in Genua geboren.
    3. 1485 machte Kolumbus eine Reise nach Spanien. / 1485 reiste Kolumbus nach
       Spanien.
    4. Kolumbus ist im Mai 1506 gestorben.
    5. Viele Plätze und Straßen in Südamerika werden / sind nach Kolumbus genannt.

3   1. Das Auto muss repariert werden.
    2. Die Mitarbeiter müssen informiert werden.
    3. Das Theater muss wieder aufgebaut werden.

4   1. 1492 landete Kolumbus nach einer schweren Reise mit einer müden
       Mannschaft in Mittelamerika. / Nach einer schweren Reise landete Kolumbus
       1492 mit einer müden Mannschaft in Mittelamerika.
    2. Wegen des schlechten Essens waren auf den Schiffen viele Seeleute während
       der langen Reise krank geworden. / Wegen des schlechten Essens auf den
       Schiffen waren viele Seeleute während der langen Reise krank geworden. /
       Während der langen Reise waren viele Seeleute wegen des schlechten Essens
       auf den Schiffen krank geworden.

3. Trotz ihres Hungers gingen die Spanier nicht sofort nach der Ankunft an Land. / Nach der Ankunft gingen die Spanier trotz ihres Hungers nicht sofort an Land. / Die Spanier gingen nach ihrer Ankunft trotz ihres Hungers nicht sofort an Land.
4. Als sie an Land kamen, wurden sie von den fremden Menschen freundlich begrüßt.

5 ist – wird / ist – werden – sind – sind – sind – sind

Test 6

1 1. der
2. das – dem
3. die
4. der – dem – den
5. denen – der – die

2 1. Der Mann, den ich gerade gegrüßt habe, ist mein Chef.
2. Die Männer, die wir heute beim Mittagessen treffen, sind wichtige Geschäftspartner.

3 goldenen – Berlins – faszinierende – Deutschen – Reichs – interessanteste – kulturelle – Deutschlands – Berliner – vielen – junge – Menschen – Nazis

4 „Wenn Sie so weiter machen, lieber Herr Lüders", sagte der Chef, „wenn Sie so weiter machen, dann weiß ich nicht, ob Sie hier weiter arbeiten können."

Test 7

1 hätte – wäre – hätte – würde – könnte – werde – bekomme – gibt – würde

2 Könntet / Würdet ihr mich morgen früh (bitte) abholen?

3 (Für eine korrekte Lösung soll jeder Satz ein anderes Verb haben.)
1. So früh möchte ich nicht aufstehen. / Das möchte ich nicht.
2. So viel würde ich nicht bezahlen / ausgeben.
3. So lange würde ich nicht bleiben. / Wenn ich viel verdienen würde …
4. Das würde mir gefallen. / Das könnte ich nie. / So viel Energie hätte ich nicht.

4 1. Du solltest zum Arzt (gehen).
2. Er sollte weniger essen / Diät machen / mehr Sport treiben.
3. Ihr solltet weniger (Geld) ausgeben / sparsamer sein / weniger kaufen.

Test 8

1 1. würdest / wärest
2. wäret
3. hättest
4. hätten
5. würde

2 1. wäre sie reich. / ob sie reich wäre.
2. würde ich ihn / er mich kennen. / ob ich ihn kennen würde / ob er mich kennen würde.
3. wüsste er etwas / alles. / ob er etwas / alles wüsste. / wissen würde.

3 mehr Zeit gehabt hätte, wäre ich (gern / auch dann nicht) gekommen.

4 1. jeden – alle – keiner
2. allem
3. niemand(en) – einem

5 1. noch nie / niemals
2. noch nichts
3. erst
4. erst
5. noch keine

6 1. Werner schreibt, es habe dort eine Epidemie gegeben. Viele Leute hätten im
Bett gelegen.
2. Werner schreibt, auch er sei krank gewesen, aber er dürfe schon wieder
aufstehen.

Zwischen- / Abschlusstest
plus deutsch 3

Informationen für den KL

Durchführung

Die Struktur der Tests entspricht dem Zertifikat Deutsch (ZD)[1]. Es empfiehlt sich die Tests an zwei Tagen durchzuführen, d. h. den schriftlichen und mündlichen Teil zu trennen.

Der schriftliche Teil sollte ebenfalls in zwei Abschnitten durchgeführt werden, z. B. Leseverstehen und Sprachbausteine und nach einer Pause von 20 bis 30 Minuten Hörverstehen und Schriftlicher Ausdruck.

Die KTN bekommen zusammen mit jedem Testteil die entsprechenden Antwortbogen, also für Leseverstehen, Sprachbausteine und Hörverstehen, dsgl. zwei Blätter für den schriftlichen Ausdruck.

Die Unterlagen dürfen für den Gebrauch im Unterricht kopiert werden.

Der Zwischentest sollte erst nach Beendigung von Kapitel 7 bzw. 8 durchgeführt werden.

Bewertung

Der KL sammelt nach jedem Testteil alle Antwortbogen ein, überprüft später die Lösungen und vermerkt die entsprechenden Punkte auf dem Antwortbogen.

Diese Punkte werden zusammen mit den Punkten von schriftlichem Ausdruck und mündlichem Teil auf den Bewertungsbogen übertragen, der auch Informationen über eine mögliche Benotung entsprechend dem ZD enthält.

Bewertungskriterien für den Teil Schriftlicher Ausdruck

1. Berücksichtigung der Leitpunkte   (maximal 5 Punkte)
2. Kommunikative Gestaltung   (maximal 5 Punkte)
3. Formale Richtigkeit   (maximal 5 Punkte)

Die Gesamtpunkte werden am Ende mit 3 multipliziert.

Zu der Gesamtpunktzahl können am Ende bis zu zwei Pluspunkte hinzugefügt werden, wenn die Arbeit über dem zu erwartenden Grundstufenniveau liegt. Die Zusatzpunkte dürfen nicht vergeben werden, wenn bereits die volle Punktzahl vergeben ist oder der Testteil Schriftlicher Ausdruck nicht bestanden ist.

---

[1] Das ZD wurde unter der Trägerschaft des Deutschen Instituts für Erwachsenenbildung (DIE) gemeinsam entwickelt von der Schweizerischen Konferenz der kantonalen Erziehungsdirektoren (EDK), dem Goethe-Institut (GI), dem Österreichischen Sprachdiplom (ÖSD) und der Weiterbildungs-Testsysteme GmbH (WBT).

Mündlicher Teil

Teil 1 – Kontaktaufnahme

Zeit: etwa 3 Minuten

Der KL stellt dem KTN während eines Gesprächs Fragen entsprechend der folgenden Liste. Es können auch andere relevante Fragen kurz angesprochen werden.

1. Wie heißen Sie?
2. Wo wohnen Sie? Wie wohnen Sie? (Wohnung, Haus, Garten usw.)
3. Wo kommen Sie her? (Land, Stadt)
4. Haben Sie eine Familie? Wie groß ist sie? (Geschwister usw.)
5. Welche Sprachen sprechen Sie? Wie lange haben Sie Deutsch gelernt? Warum?
6. In welchen Ländern waren Sie schon? Warum?
7. Was machen Sie? Welchen Beruf haben Sie? Welche Schule besuchen Sie? Usw.
8. (Eine zusätzliche Frage)

Teil 2 – Gespräch über ein Thema

Zeit: etwa 6 Minuten

Die KL-Unterlagen für den Zwischen- und Abschlusstest zum Teil 2 befinden sich hier auf S. 108.
Der KTN soll 1 Minute Zeit bekommen, um sich mit seiner Tabelle vertraut zu machen. Die Tabelle soll als Gesprächsanlass dienen; es wird jedoch nicht erwartet, dass der KTN diese interpretiert. Der KL zeigt dem KTN im Laufe des Gesprächs seine Tabelle und erklärt ihm die wichtigsten Informationen.

Teil 3 – Lösen einer Aufgabe

Zeit: etwa 6 Minuten

Der KL gibt dem KTN das Aufgabenblatt mit den Stichworten, über die gesprochen werden soll.

Bewertungskriterien für den mündlichen Teil

1. Ausdrucksfähigkeit   (maximal 4 Punkte)
2. Aufgabenbewältigung   (maximal 4 Punkte)
3. Formale Richtigkeit   (maximal 4 Punkte)
4. Aussprache und Intonation   (maximal 3 Punkte)

Jeder der drei Testteile wird nach demselben Muster für sich allein gewertet.

Die Ergebnisse aus den Testteilen 2 und 3 werden mit 2 multipliziert. Die Höchstpunktzahl ist 15 + 30 + 30 Punkte.

Zwischen- / Abschlusstest
plus deutsch 3
Bewertungsbogen für den KL

Name: ▪▪▪▪▪▪▪▪▪▪▪▪▪▪▪▪▪▪

Klasse: ▪▪▪▪▪▪

Datum: ▪▪ / ▪▪ / ▪▪▪▪

SCHRIFTLICHER TEIL

Leseverstehen

	Punkte
Teil 1	
Teil 2	
Teil 3	
Summe:	

Sprachbausteine

	Punkte
Teil 1	
Teil 2	
Summe:	

Hörverstehen

	Punkte
Teil 1	
Teil 2	
Teil 3	
Summe:	

Schriftlicher Ausdruck (Brief)

	Punkte
1	
2	
3	
Summe:	

Gesamtpunkte schriftlich: ▪▪▪

MÜNDLICHE PRÜFUNG

	Punkte
Teil 1	x 1 =
Teil 2	x 2 =
Teil 3	x 2 =

Summe: ▪▪▪

SUMME SCHRIFTLICH UND MÜNDLICH: ▪▪▪

Gesamtergebnis

Im ZD müssen sowohl im schriftlichen wie im mündlichen Teil jeweils **mindestens 60% der Punkte** erreicht werden. Das sind **135 Punkte im schriftlichen** und **45 im mündlichen Teil**. Wenn in einem Teil die Mindestpunkte nicht erreicht werden, muss dieser Teil insgesamt wiederholt werden.

Für das Gesamtergebnis werden die Punkte im schriftlichen und mündlichen Teil zusammengezählt.

300   –   270 Punkte = sehr gut
269,5   –   240 Punkte = gut
239,5   –   210 Punkte = befriedigend
209,5   –   180 Punkte = ausreichend

Zwischentest
Mündlicher Teil

Teil 2 – Gespräch über ein Thema

Informationen für den KL

Nachdem der KTN auf Grund von Fragen des KL über seine Tabelle berichtet hat, informiert der KL über seine Tabelle und zeigt diese dem KTN.

Danach soll sich zwischen KL und KTN ein Gespräch zu dem gemeinsamen Thema Tourismus entwickeln, z. B.

Urlaubsorte in Deutschland – Wo im Urlaub gewesen? – Mit wem? – Was gemacht und gesehen? – Urlaubswünsche – Traumreise – usw.

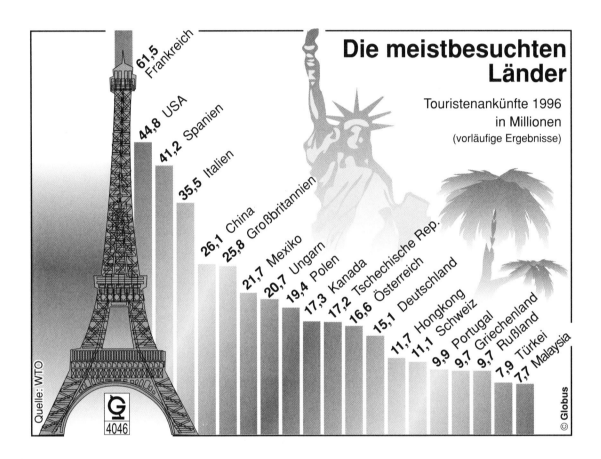

Die meistbesuchten Länder

Touristenankünfte 1996
in Millionen
(vorläufige Ergebnisse)

Quelle: WTO

61,5 Frankreich
44,8 USA
41,2 Spanien
35,5 Italien
26,1 China
25,8 Großbritannien
21,7 Mexiko
20,7 Ungarn
19,4 Polen
17,3 Kanada
17,2 Tschechische Rep.
16,6 Österreich
15,1 Deutschland
11,7 Hongkong
11,1 Schweiz
9,9 Portugal
9,7 Griechenland
9,7 Rußland
7,9 Türkei
7,7 Malaysia

© Globus
4046

Traumziel Paris

Paris ist das Traumziel vieler Menschen auf der ganzen Welt. Die Metropole an der Seine und viele interessante Regionen Frankreichs machen das Land zum größten Touristenziel der Welt. 61,5 Millionen Menschen kamen 1996, um sich wie „Gott in Frankreich" zu fühlen. Beliebtes Reiseziel sind auch die USA. Von New York bis San Francisco besuchten rund 45 Millionen Besucher das Land. Spanien und Italien sind besonders für deutsche Touristen ein beliebtes Reiseziel, im internationalen Tourismus nehmen sie Platz drei und vier ein.

Abschlusstest
Mündlicher Teil

Teil 2 – Gespräch über ein Thema

Informationen für den KL

Nachdem der KTN auf Grund von Fragen des KL über seine Tabelle berichtet hat, informiert der KL über seine Tabelle und zeigt diese dem KTN.
Danach soll sich zwischen KL und KTN ein Gespräch zu dem gemeinsamen Thema Ausländische Bürger entwickeln, z. B.
Heimatland des KTN – Gibt es dort ausländische Bürger? – Aus welchen Ländern? – Woher, warum? – Welche Berufe haben sie? – In welches Land würde der KTN auswandern? – Warum?

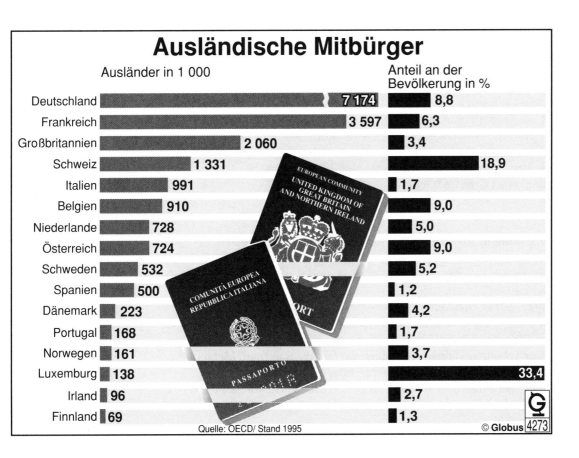

Ausländische Mitbürger

Ausländer in 1 000 — Anteil an der Bevölkerung in %

Land	Ausländer in 1 000	Anteil an der Bevölkerung in %
Deutschland	7 174	8,8
Frankreich	3 597	6,3
Großbritannien	2 060	3,4
Schweiz	1 331	18,9
Italien	991	1,7
Belgien	910	9,0
Niederlande	728	5,0
Österreich	724	9,0
Schweden	532	5,2
Spanien	500	1,2
Dänemark	223	4,2
Portugal	168	1,7
Norwegen	161	3,7
Luxemburg	138	33,4
Irland	96	2,7
Finnland	69	1,3

Quelle: OECD/ Stand 1995 © Globus 4273

Am meisten in Deutschland
In Deutschland lebten 1995 rund 7,2 Millionen Ausländer; das ist die höchste Zahl im Vergleich mit den anderen westeuropäischen Ländern. Mit 8,8 Prozent Ausländern nimmt Deutschland jedoch nur den fünften Platz ein. Ganz vorn liegt Luxemburg mit 33,4 Prozent. Mit anderen Worten: Jeder dritte Einwohner des kleinen Landes ist ein Nicht-Luxemburger. Diese Sonderstellung erklärt sich aus den vielen EU-Institutionen, die es in Luxemburg gibt und in denen zahlreiche Mitarbeiter aus anderen Ländern ihren Arbeitsplatz haben.

Zwischen- und Abschlusstest

Transkriptionen der Texte zum Hörverstehen

Zwischentest
Hörverstehen: Teil 1

Sie hören fünf kurze Stellungnahmen zum Thema Wohnen in der Klein- oder Großstadt. Sie hören diese Stellungnahmen nur einmal. Markieren Sie beim Hören, ob die Antworten richtig oder falsch sind. Lesen Sie jetzt zuerst die Aufgaben 41–45. Hören Sie nun die Stellungnahmen.

41

Großstadt oder Kleinstadt? Also früher wollte ich nur in der Großstadt leben, wo mich niemand kennt, wo es alles gibt und wo viel los ist. Ich komme aus einer Kleinstadt und fand das Leben dort furchtbar. Wenn man etwas tut, weiß es bald die ganze Stadt, ständig beobachtet einen jemand, es gibt feste Regeln, das ganze Leben ist geregelt, jeder sagt mir, was ich tun soll – nee, das war nichts für mich. Das war noch schlimmer als irgendwo alleine auf dem Land leben.
Ich habe mich so gefreut, als ich das Abitur hatte und zum Studium in eine Großstadt gehen konnte. Meine Eltern waren zwar dagegen und meine Mutter hatte große Angst, aber das war mir egal. Heute, wo ich verheiratet bin und zwei kleine Kinder habe, möchte ich lieber in einer Kleinstadt wohnen, aber meine Frau will nicht umziehen, sie möchte nur in einer Großstadt leben.

42

Ich lebe gerne hier in der Kleinstadt, am liebsten möchte ich sogar aufs Land ziehen. In der Großstadt ist es mir zu laut, alles ist so hektisch, es gibt zu viele Menschen und oft ist es auch sehr schmutzig, an den Bahnhöfen zum Beispiel. Ja, und dann ist natürlich alles teurer, vor allem das Wohnen.
Ich wohne bei meinen Eltern, bin in zwei Vereinen, gehe am Wochenende oft wandern und wenn ich etwas lernen will, gehe ich zur Volkshochschule. Ich habe einen festen Arbeitsplatz in der Stadtverwaltung, geh nur eine Viertelstunde zu Fuß von zu Hause dorthin. Die meisten meiner Schulfreundinnen leben hier, wir feiern zusammen. Mehr Abwechslung brauche ich nicht. Auch mein Freund wohnt hier, er arbeitet bei der Sparkasse und wenn wir einmal heiraten, wollen wir hier bleiben. Vielleicht können wir uns später sogar ein Häuschen bauen. In der Großstadt wäre das viel zu teuer.

43

Ich bin ein Großstadtkind, ich bin in Köln geboren und später nach Berlin gezogen. Ich fühle mich nur in der Großstadt wohl. Schon Berlin ist für mich oft nicht groß genug. Ich war mal in New York, das ist eine wirkliche Großstadt. Es gibt dort so viel Energie, Tag und Nacht ist was los, und wenn einer etwas werden will, hat er dort die meisten Chancen. Ich lieb auch die internationale Atmosphäre dort. Es ist egal, wer man ist und woher man kommt, das interessiert dort keinen Menschen. Und es spielt auch keine Rolle, welche Interessen man hat, es gibt immer andere Menschen, die diese Interessen auch haben, und so findet man immer jemanden. Wenn ich das mit einer deutschen Großstadt vergleiche, z. B. mit Köln mit seiner halben Million Menschen, dann denke ich manchmal, dass wir in Deutschland gar keine richtigen Großstädte haben.

44

Ich glaube, die Frage ist falsch. Man kann sich doch heute gar nicht mehr entscheiden,
wo man leben möchte, denn es kommt doch darauf an, wo es Arbeit gibt. Natürlich
gibt es in der Großstadt mehr Arbeitsmöglichkeiten, aber wenn man in einer Kleinstadt
einen guten Job hat, dann muss man dort bleiben, vor allem, wenn man Familie hat.
Für die Kinder ist es sicher besser, wenn sie in einer Kleinstadt aufwachsen. Das Leben
ist da nicht so gefährlich, man kennt die Freunde der Kinder und die Eltern der
Freunde ... das ist schon besser als in der Großstadt.
Ich persönlich bin in die Großstadt gezogen, weil ich dort eine gute Arbeit gefunden
habe, aber es war am Anfang nicht einfach, so allein zu sein, niemanden zu kennen
und so. Aber jetzt bin ich froh darüber, dass ich umgezogen bin, irgendwie ist das
Leben hier interessanter und bietet auch mehr Möglichkeiten.
(Die Sprecherin kommt aus der Schweiz.)

45

Ich lebe am liebsten auf dem Land, schon eine mittlere Stadt ist zu groß für mich. Ich
mag keinen Verkehr, fahre nicht gerne mit öffentlichen Verkehrsmitteln und gehe lieber
zu Fuß. Ich lebe mit meiner Familie gern im eigenen Haus mit einem großen Garten
und habe gern etwas Abstand zu den Nachbarn, das nächste Haus darf nicht zu nahe
sein. Ich meine, ich bin nicht unsozial, ich unterhalte mich gerne mit meinen
Bekannten und Freunden, aber ich möchte auch meine Ruhe haben, die Blumen
wachsen sehen, Vögel hören, mit meinen Kindern im Garten spielen und so.
Wir haben zwei Hunde, drei Katzen, ein Biotop und nächstes Jahr wollen wir für unsere
Tochter ein Pferd kaufen. So ein Leben können wir nur auf dem Land haben. Und
wenn meine Frau mal in die Stadt will, dann fährt sie die sechzig Kilometer dorthin,
das ist nicht weit, aber das passiert höchstens alle drei Monate einmal, z. B. vor
Weihnachten oder wenn jemand von uns Geburtstag hat und sie Geschenke sucht.
Und sie ist jedes Mal froh, wenn sie wieder zurück ist.

Hörverstehen: Teil 2

*Sie hören nun ein Gespräch mit Frau Grenda. Dazu sollen Sie zehn Aufgaben lösen. Sie
hören diesen Text zweimal. Markieren Sie beim Hören oder danach, ob die Antwort
richtig oder falsch ist. Lesen Sie jetzt die Aufgaben 46–55. Sie haben dazu eine Minute
Zeit.*
*Hören Sie nun das Gespräch. Frau Grenda arbeitet in Deutschland in einer Textilfirma
in leitender Position, aber sie ist auch oft im Ausland.*

Herr Dalhaus:	Frau Grenda, Sie sind Managerin in einer Textilfirma. Was hat Sie zu Ihrem Beruf gebracht, ich meine ... warum haben Sie diesen Beruf gewählt?
Frau Grenda:	Eine gute Frage. Ich weiß es selber nicht. Ich habe immer schöne Kleidung gemocht, ja, und ich wollte auch im Ausland arbeiten, aber so richtig weiß ich das auch nicht. Vielleicht spielte auch mein Großvater eine Rolle, er war Schneider.

D: Ihr Vater auch?

G: Nein, der ist Architekt. Wie gesagt, ich weiß es nicht, ... es war wohl meine Freude an Stoffen und schöner Kleidung, ja.

D: Sie erwähnten Ihren Vater. Was sagen denn Ihre Eltern dazu, dass Sie nicht zu Hause bei ihnen leben und so ein internationales Leben führen, dauernd unterwegs sind und in anderen Ländern arbeiten?

G: Ich habe fantastische Eltern, sie sind absolut einverstanden damit, was ich mache, sie freuen sich darüber, dass ich diesen Beruf habe. Das war schon immer so, meine Eltern haben mir immer sehr geholfen, als ich jung war oder wenn ich in der Schule Probleme hatte. Ich verdanke meinen Eltern wirklich sehr viel.

D: Frau Grenda, das klingt natürlich alles sehr faszinierend, aber sicher ist es nicht immer leicht für Sie. Sie gehen morgens um sieben aus dem Haus, kommen abends spät zurück, ... wie lange arbeiten Sie eigentlich?

G: Wie lange? Das kann ich wirklich nicht sagen. Ich weiß nur, dass die offiziellen 38,5 Stunden nicht ausreichen. Nein, überhaupt nicht! Ich muss abends manchmal zu einem offiziellen Essen, muss mich am Wochenende um Gäste aus dem Ausland kümmern, fliege immer am Wochenende nach Ostasien und zurück, nein, das kann ich gar nicht zusammenrechnen, wie viel Zeit ich mit der Arbeit verbringe. Aber das ist mir ehrlich gesagt auch egal. Die Arbeit gefällt mir, ich mache sie gerne und dann spielt die Zeit keine Rolle. Ich muss eben tun, was nötig ist.

D: Wie oft müssen Sie denn fliegen?

G: Das kommt darauf an, ein bis zweimal im Monat sicher.

D: Und wie lange sind Sie dann unterwegs?

G: Auch das ist unterschiedlich, mal sind es ein paar Tage, mal ist es über eine Woche.

D: Frau Grenda, Ihr Beruf ist sicher nicht immer einfach. Darf ich Sie deshalb auch zu den negativen Seiten Ihrer Arbeit fragen? Oder – noch genauer – was ist das Schwerste, das Härteste?

G: Die Mitarbeiterführung.

D: Haben Sie Probleme mit den Mitarbeiterinnen?

G: Nein, so habe ich das nicht gemeint. Aber in meinem Büro in Hongkong habe ich drei Assistentinnen und da ist die Zusammenarbeit nicht immer einfach, vor allem nicht, wenn ich nicht immer dort bin.

D: Und was ist das Schönste bei Ihrem Beruf? Was gefällt Ihnen am besten?

G: Reisen, fremde Kulturen kennen lernen, neue Menschen, mit ihnen zusammenarbeiten, ja, das Leben im Ausland ist für mich sehr interessant, vor allem außerhalb von Europa, vor allem in Asien.

D: Haben sie auch Privatinteressen? Entschuldigen Sie die Frage, aber haben Sie überhaupt Zeit, neben dem Beruf noch etwas anderes zu tun?

G: Oh ja, natürlich! Ich fahre Ski, spiele Tennis, habe ein Mountain-bike und wandere gern. Im letzten Jahr habe ich Gleitschirm fliegen gelernt, ein fantastischer Sport. Und ich habe nette Freunde, mit denen ich zusammen bin, wenn ich Zeit habe.

D: Und wenn es regnet, schlechtes Wetter gibt?

G: Das macht mir gar nichts, ich lese auch sehr gern, höre Musik und fahre ins Theater.

D: Und was ist mit der Fortbildung? Besuchen Sie Seminare und Konferenzen?

G: Ich möchte gerne, aber meistens passen mir die Termine nicht, weil ich auf Reisen bin oder nicht aus der Firma weg kann.

D: Frau Grenda, wie sehen Ihre Pläne für die Zukunft aus? Sie haben doch bisher viel Erfolg gehabt. Wollen Sie sich nicht selbstständig machen?

G: Nein, ich möchte bei meiner Firma bleiben, da gibt es noch viele Aufgaben. Wir brauchen z. B. neue Märkte und andere Einkaufsmöglichkeiten. Aber, wenn ich in meiner jetzigen Firma aufhöre, dann wechsle ich auch die Branche, mache etwas anderes, etwas ganz Neues. Nichts mehr mit Bekleidung!

Hören Sie das Gespräch noch einmal.

Hörverstehen: Teil 3

Sie hören jetzt fünf kurze Texte. Sie hören diese Texte zweimal. Dann sollen Sie fünf Aufgaben lösen.

Lesen Sie jetzt die Aufgabe Nr. 56.
56   Welche Buslinien fahren vom Stadttheater zum Hauptbahnhof?

Verehrte Fahrgäste, wegen eines Unfalls auf der Schloss-Straße werden die Straßenbahnlinien 17 und 29 vorübergehend umgeleitet, sie fahren nicht zum Hauptbahnhof. Fahrgäste, die zum Hauptbahnhof wollen, können mit der Linie 17 bis zum Stadttheater fahren und von dort mit den Bussen Nr. 52 und 31 weiter zum Hauptbahnhof. Fahrgäste der Linie 29 können bis zum Theodor-Heuß-Platz fahren und dort in die U-Bahnlinie zum Hauptbahnhof umsteigen.

Sie hören jetzt den Text noch einmal.

Lesen Sie jetzt die Aufgabe Nr. 57.
57   Welche Auskunft braucht Carlos?

Hallo Susan, hier ist Carlos. Ich sitze hier in meinem Büro und hab ein Problem mit meinem Computer, mit dem Programm Deutsch 2002. Ich habe die Projektbeschreibung eingegeben und alle Daten, aber jetzt kann ich die Kosten nicht ins HKR-Programm transportieren. Du hast mir schon einmal erklärt, wie man das macht, aber ich habe es wieder vergessen. Kannst du mich bitte anrufen?

Sie hören jetzt den Text noch einmal.

Lesen Sie jetzt die Aufgabe Nr. 58.
58   Woher kommen die Teppiche?

Liebe Kundinnen und Kunden, wir möchten Sie auf eine Attraktion unseres Hauses besonders aufmerksam machen. Im zweiten Stock zeigen wir Ihnen eine Ausstellung mit alten Teppichen aus Zentralasien, vor allem aus Afghanistan und Kazakstan. Dazu gibt es jede Stunde ein Video mit vielen Informationen über Land und Leute. (Die Sprecherin kommt aus Österreich.)

Sie hören jetzt den Text noch einmal.

Lesen Sie jetzt die Aufgabe Nr. 59.
59   Wie lautet die Telefonnummer?

Jetzt bei ReiseTour den Urlaub für nächstes Jahr buchen! Bei ReiseTour sparen Sie bis zu 20 Prozent, wenn Sie jetzt Ihren Urlaubsflug buchen. Ob Bali oder die Karibik, die USA oder China, Südafrika oder Zentralasien – ReiseTour bietet für jeden etwas. Rufen Sie einfach an unter 0819 – 375 375 und verlangen Sie unseren Sommerkatalog oder informieren Sie sich auf unserer Webseite Www.ReiseTour.com.

Sie hören jetzt den Text noch einmal.

Lesen Sie jetzt die Aufgabe Nr. 60.
60   Bis wann ist das Restaurant geschlossen?

Guten Tag. Hier ist das Restaurant Al Castagno. Wegen Renovierungsarbeiten sind wir vom 1.11. bis 15.12. geschlossen. Wir bitten um Ihr Verständnis. Wenn Sie eine Bestellung für unseren Heimservice haben, wählen Sie bitte folgende Nummer: 843 719. (Der Sprecher hat einen italienischen Akzent.)

Sie hören jetzt den Text noch einmal.

Sie hören fünf kurze Stellungnahmen zu dem Einfluss des Englischen im Deutschen. Sie hören diese Stellungnahmen nur einmal. Markieren Sie beim Hören, ob die Antworten richtig oder falsch sind. Lesen Sie zuerst die Aufgaben 41–45.

Hören Sie nun die Stellungnahmen.

Liebe Zuhörerinnen und Zuhörer! Wir wollten wissen, was die Deutschen über den Einfluss des Englischen im Deutschen denken. Hören Sie jetzt einige Stellungnahmen zu dem Thema.

41

Ich persönlich habe gar nichts gegen das Englische. Meine Frau kommt aus Neuseeland und da wird ja Englisch gesprochen. Aber das Schlimme ist, dass unser ganzer Alltag amerikanisiert ist, ohne Englisch, ich meine amerikanisches Englisch, geht es nicht mehr. Wenn ein Schlagersänger internationalen Erfolg haben will, singt er normalerweise auf Englisch, einen Computer kann man ohne Englischkenntnisse kaum noch bedienen, in der Werbung gibt es immer mehr englische Ausdrücke, auch beim Sport und im Tourismus, also irgendwie ist das nicht richtig, das versteht doch kein Mensch mehr. Meine Frau findet es auch komisch, wie viel Englisch sie täglich bei uns sieht und hört und oft wird das auch falsch benutzt.

42

Also, das mit dem Englischen, das versteh ich nicht. Ich komme aus der DDR, ich meine, aus Sachsen, bin dort groß geworden und musste auf der Schule Russisch lernen. Englisch wurde bei uns nicht unterrichtet, aber wir wollten es natürlich immer lernen, schon wegen der vielen Schlager aus Amerika. Ja, aber jetzt, wo alles anders ist, finde ich die vielen englischen Ausdrücke bei uns nicht gut. Ich meine, in der DDR gab es ja auch nicht so viele russische Wörter und ich verstehe wirklich nicht, wieso die Westdeut ... ich meine wieso es bei uns so viel Englisch gibt. Da darf man sich doch nicht wundern, wenn die Menschen protestieren, z. B. mehr deutsche Lieder im Radio fordern oder nur Sachen aus Deutschland kaufen. Bei uns im Osten gibt es bei vielen Leuten so eine richtige Nostalgie, die kaufen nur Produkte, die es auch schon früher in der DDR gegeben hat.

43

Englisch? Naja, es ist wohl eher Amerikanisch, was sich da breit macht, ... aber ich hab nichts dagegen. Als ich jung war, wollten wir unbedingt AFN hören. Sie sind noch zu jung, Sie haben das gar nicht erlebt und können nicht wissen, wie wichtig das für uns war, die Musik zum Beispiel im amerikanischen Soldatensender American Forces Network. Da konnte man Jazz hören, gute Rockmusik, während bei uns noch immer diese Heimatlieder zu hören waren, romantisches Zeug so über Italien und so. Nee, für mich ist Amerikanisch seit dieser Zeit sehr attraktiv und ich denke, für andere Menschen auch. Jeans, Transistoren, Supermärkte, Cola und Hamburger, das kann doch gar nicht so schlecht sein, oder? Die Leute wollen das doch.

44

Wissen Sie, ich verstehe die ganze Aufregung über den Einfluss des Englischen überhaupt nicht. Es hat doch immer Einflüsse von anderen Sprachen gegeben. Denken Sie nur an die vielen Ausdrücke aus dem Geldwesen wie *Bank*, *Kredit* und so, die alle aus dem Italienischen kommen oder an das Französische, das im 18. Jahrhundert in ganz Europa dominant war, so dass wir noch heute viele Wörter habe, die aus dem Französischen kommen, vor allem bei uns in der Schweiz. Und es gibt ja auch deutsche Wörter in anderen Sprachen, das ist doch nichts Besonderes, nicht wahr? Und heute leben wir eben in einer Zeit, in der das Englische besonders wichtig ist. Aber ich meine, in den Oberstufen in Europa sollten zwei Fremdsprachen Pflicht sein, jeder Oberstufenschüler in Europa sollte mindestens zwei Fremdsprachen können. (Die Sprecherin kommt aus der Schweiz.)

45

Ich meine, wir brauchen eine Weltsprache, und die ist eben das Englische. Es wird doch schon weltweit gesprochen, es ist die Einheitssprache der modernen Welt und ich find das gut so. Ich bin froh, wenn ich in Peking oder Tokio lande und am Flughafen wird auch Englisch gesprochen.
Ohne Englisch geht es doch gar nicht mehr, es gäbe gar keine globale Kommunikation. Und ob sich das Reisebüro bei uns travelshop nennt, ist mir völlig egal und an einer city tour nehme ich nie teil, auch wenn sie Stadtrundfahrt heißt. Ich denke, der moderne Mensch von heute muss mindestens zweisprachig sein, also neben seiner Muttersprache noch Englisch können. Ich spreche leider nur Spanisch und Englisch. Ich wäre froh, wenn ich etwas Japanisch oder Arabisch könnte.

Hörverstehen: Teil 2

Sie hören nun ein Gespräch mit einem Weinhändler. Dazu sollen Sie zehn Aufgaben lösen. Sie hören diesen Text zweimal. Markieren Sie beim Hören oder danach, ob die Antwort richtig oder falsch ist. Lesen Sie jetzt die Aufgaben 46–55. Sie haben dazu eine Minute Zeit.

Hören Sie nun das Gespräch zwischen Peter und seinem Freund Gerd, der Weinhändler ist und mit seiner Frau Eva ein eigenes Geschäft für italienische Weine hat.

Peter: Du, Gerd, was ich dich schon lange mal fragen wollte, wie war das eigentlich am Anfang, als du mit Eva mit dem Laden angefangen hast. Ihr habt doch vorher etwas anderes gemacht, oder?

Gerd: Ja, ich habe eine kaufmännische Lehre gemacht und dann als Verkäufer in einem Supermarkt gearbeitet.

P: In der Weinabteilung?

G: Nein, nein, da gibt es gar keinen eigenen Verkäufer. Ich musste in verschiedenen Abteilungen arbeiten, im Verkauf, an der Kasse, in der Verwaltung und so weiter.

P: Und warum hast du da aufgehört? War die Arbeit zu schwer? Hattest du keinen festen Arbeitsplatz?

G: Da gibt es viele Gründe. Einer war, dass ich selbstständig werden wollte, mein eigener Herr sein wollte. Ein anderer war, dass die Arbeit im Supermarkt für mich keine Herausforderung bedeutete. Was da verlangt wurde, war mir zu wenig. Und wie du weißt, komme ich aus Franken, einer guten deutschen Weingegend, da hab ich von zu Hause etwas Erfahrung mit Weinen gehabt.

P: Ja, aber ich meine, es ist doch ein Unterschied, ob man sich bei den Weinen von hier auskennt oder mit italienischen Weinen handelt. In Italien gibt es doch so viele Weine aus allen Landesteilen und die Hälfte und mehr sind doch Rotweine, und in Franken gibt's doch vor allem Weißweine. Hattest du denn Beziehungen zu Italien? Konntest du Italienisch?

G: Mei, Peter, so viele Fragen! Mach langsam! Also, natürlich hatte ich zunächst keine Ahnung von italienischem Wein. Ich habe mich da, so gut es ging, fortgebildet, über den Supermarkt Beziehungen angefangen und dabei viel vom Einkauf von Waren gelernt. Und Italienisch? Ja, außer Pizza, Cappuccino und ciao, vino und amore kannte ich nicht viel. Ich habe dann einen italienischen Sprachkurs mitgemacht, viel zu Hause mit Kassetten und Büchern gelernt und später bin ich ja oft geschäftlich in Italien gewesen, da ist viel dazu gekommen.

P: Trotzdem, ich verstehe noch immer nicht, wie das klappen konnte, dass du dich selbstständig gemacht hast. Dazu braucht man doch Mut, gute Pläne und vor allem Geld. Du konntest doch gar nicht so viel sparen, wie du brauchtest. Hattest du Hilfe von deinen Eltern?

G: Nein, nein, die hatten kein Geld. Aber es gibt bei einigen Banken Finanzierungsprogramme, auch der Staat bietet finanzielle Hilfe für junge Leute, die sich selbstständig machen wollen.
Aber es ist sehr kompliziert, das Geld zu bekommen und natürlich weiß man nicht, ob man Erfolg haben wird. Ich kann dir sagen, es war nicht einfach, überhaupt nicht! Eva und ich haben manche schlaflose Nacht gehabt, haben oft überlegt, ob es richtig war, selbstständig zu werden. Wir hatten jahrelang hohe Schulden, mussten unsere Kranken- und Sozialversicherung selber zahlen, hatten einen Jungen auf der Schule. ... Nein, es war nicht einfach.

P: Und jetzt habt ihr es geschafft. Wenn ich so sehe, welche Mengen von Wein hier stehen ... die müssen doch alle verkauft werden!

G: Ja, das Schlimmste liegt hinter uns. Wir haben einen festen Kundenkreis, wissen, welche Weine die Leute wollen und wissen jetzt auch, besser als zu Anfang, wie viel ich einkaufen muss, und so weiter.

P: Irgendwie fasziniert mich das alles, was du da erzählst. Du sagst, du hast es geschafft, die Zeit des Geschäftsaufbaus ist vorbei. Willst du denn weiter hier in dem Laden bleiben? Ich meine, das ist doch gar kein richtiges Geschäft. Es ist doch nur ein großes Lager mit einigen Regalen und einem Tisch für die Kasse.

G: Ja, es ist ein Lager im Hinterhof, deswegen schreibe ich ja auch in der Werbung „Italienisches Weindepot". Ein Depot ist eben ein Lager, mehr nicht. So haben wir angefangen und so wollen wir weitermachen. Ich glaube sogar, dass diese Umgebung, dieses Lager, ein Teil unseres Erfolges ist. Es ist ein Verkaufsplatz, nicht mehr. Wichtig ist allein die Qualität des Weines und der Preis – und natürlich meine Beratung für die Kunden –, aber die Dekoration des Ladens spielt keine Rolle. Ich sage das meinen Kunden auch ganz offen, wir wollen keines von diesen supermodernen Geschäften sein, die alle gleich aussehen.

P: Du sprichst von Qualität. Wie kannst du die denn garantieren? Es gibt doch so viele Weinsorten, die kannst du doch gar nicht alle kennen.

G: Natürlich nicht, aber ich arbeite nur mit einigen wenigen italienischen Winzern, also Weinproduzenten, zusammen, die ich persönlich kenne. Ich fahre jedes Jahr ein- oder zweimal nach Italien, besuche meine Partner, kaufe ein und spreche natürlich auch über die Qualitätsverbesserung. Vor ein paar Jahren haben wir sogar zusammen angefangen, einen neuen Wein zu entwickeln. Nächstes Jahr wird er in Flaschen gefüllt und kommt dann zu uns. Wir sind sehr neugierig, es ist dann der erste Wein, bei dem ich mitgearbeitet habe, und wir sind die einzigen in Deutschland, die ihn verkaufen dürfen.

Hören Sie das Gespräch noch einmal.

Hörverstehen: Teil 3

Sie hören jetzt fünf kurze Texte, Sie hören diese Texte zweimal. Dann sollen Sie fünf Aufgaben lösen.

Lesen Sie jetzt die Aufgabe Nr. 56.
56   Auf welchem Gleis fährt der Zug nach Paris ab?
Meine Damen und Herren, in wenigen Minuten erreichen wir Frankfurt Hauptbahnhof. Der Zug endet dort. Die nächsten Anschlusszüge: IC 529 nach Passau über Würzburg, Nürnberg und Regensburg auf Gleis 8, am selben Bahnsteig gegenüber. Abfahrt 18.18 Uhr. EC 8, Tizian, nach Hamburg Altona auf Gleis 12 über Kassel und Hannover. Planmäßige Abfahrt 18.25 Uhr. EC 54, Gustave Eiffel, nach Paris-Ost über Kaiserslautern, Saarbrücken. Planmäßige Abfahrt 18.31 auf Gleis 13.
Bitte achten Sie auch auf die Lautsprecherdurchsagen in Frankfurt.
Das Zugpersonal und das Mitropa-Team verabschieden sich von Ihnen und bedanken sich, dass Sie mit uns gefahren sind.

Sie hören jetzt den Text noch einmal.

Lesen Sie jetzt die Aufgabe Nr. 57.
57   Was möchte Roland wissen?

Hi Beate, hier ist Roland. Ich bin am Sonntag in Erfurt und wollte fragen, ob ich dich dann treffen kann. Ich übernachte bei einem Freund, wir haben zusammen zu tun, aber es wäre schön, wenn du am Samstag- oder Sonntagabend Zeit für mich hättest. Vielleicht können wir zusammen essen gehen oder ein Glas Wein trinken. Ich würde dich gerne dazu einladen. Ich ruf dich später noch einmal an, aber vielleicht kannst du auch zurückrufen, meine Nummer ist 0043 / 662 / 678957 oder über Handy, Nummer 0043 / 676 / 3294881. Ciao, bis später.
(Der Sprecher kommt aus Österreich.)

Sie hören jetzt den Text noch einmal.

Lesen Sie jetzt die Aufgabe Nr. 58.
58   Wie lange ist die Bar geöffnet?
Verehrte Besucherinnen und Besucher, wir möchten Sie auf eine weitere Attraktion unseres Hauses aufmerksam machen. Im 29. Stock befindet sich eine

Aussichtsrestaurant mit Bar, von wo Sie einen herrlichen Blick auf unsere Stadt und ihre Umgebung haben. Das Restaurant ist von 11 Uhr vormittags bis 8 Uhr abends geöffnet, die Bar von 6 Uhr abends bis Mitternacht. Und natürlich können Sie auch Kaffee und Kuchen bekommen. Lift Nr. 7 bringt Sie ohne Halt direkt in unser Restaurant. Wir freuen uns auf Ihren Besuch.
(Die Sprecherin kommt aus Österreich.)

Sie hören jetzt den Text noch einmal.

Lesen Sie jetzt die Aufgabe Nr. 59.
59   Wo ist die S-Bahn-Haltestelle?

Erholung, Sport und Spaß für die ganze Familie im neuen Freizeitzentrum am Bocksberg! Tennis und Minigolf, Schwimmen, Sauna, Fitness-Studio und Joggingmöglichkeiten, Restaurant, Bar, Diskothek und ein Kino. Kinderspielplätze und ein schöner Erholungspark – für jeden etwas! Und gar nicht teuer! Überzeugen Sie sich selbst von unseren preisgünstigen Angeboten. Ein Besuch im Freizeitzentrum am Bocksberg lohnt sich. S-Bahn-Haltestelle direkt am Park und über zweihundert Parkplätze. Wir sind täglich für Sie da, von sieben Uhr in der Früh bis abends um zehn. Auch sonntags ist das Freizeitzentrum am Bocksberg geöffnet.

Sie hören jetzt den Text noch einmal.

Lesen Sie jetzt die Aufgabe Nr. 60.
60   Wie heißt das amtliche Kennzeichen des falsch geparkten Autos?

Achtung, Achtung, Autobesitzer! Ein grüner Ford Fiesta, amtliches Kennzeichen MK – DA 47 ist falsch geparkt und versperrt den Weg für ein Lieferfahrzeug. Die Besitzerin oder der Besitzer soll sofort zum Ausgang kommen. Ich wiederhole, der Besitzer des Pkws mit dem amtlichen Kennzeichen ...

Sie hören jetzt den Text noch einmal.

Zwischentest Lösungen

Leseverstehen

Teil 1

1. A B C D E F G H **⊠I** J
2. A B **⊠C** D E F G H I J
3. A B C **⊠D** E F G H I J
4. A B C D **⊠E** F G H I J
5. A **⊠B** C D E F G H I J

Teil 2

6. **⊠A** B C
7. A B **⊠C**
8. **⊠A** B C
9. A B **⊠C**
10. A **⊠B** C

Teil 3

11. A B C D E **⊠F** G H I J K L O
12. A B C D E F G H I J K L **⊠O**
13. A B C D E F G H I J **⊠K** L O
14. A B C D E F G H I J K **⊠L** O
15. A B C D E F G H I J K L **⊠O**
16. **⊠A** B C D E F G H I J K L O
17. A B C D E F G **⊠H** I J K L O
18. A B C D E F G H **⊠I** J K L O
19. A B C D E F G H I **⊠J** K L O
20. A B C D E F G H I J K L **⊠O**

Sprachbausteine

Teil 1

21. A **⊠B** C
22. A **⊠B** C
23. A B **⊠C**
24. **⊠A** B C
25. A B **⊠C**
26. A B **⊠C**
27. **⊠A** B C
28. A **⊠B** C
29. **⊠A** B C
30. A **⊠B** C

Teil 2

31. A B C D E F G H I J K L **⊠M** N O
32. A B C D E F G H I **⊠J** K L M N O
33. A B C D **⊠E** F G H I J K L M N O
34. A B C D E F G H I J K L M N **⊠O**
35. A B C D E F G H I J **⊠K** L M N O
36. A B C **⊠D** E F G H I J K L M N O
37. A B C D E F G H **⊠I** J K L M N O
38. A B C D E F G H I J K L M **⊠N** O
39. A B C D E **⊠F** G H I J K L M N O
40. A B C D E F **⊠G** H I J K L M N O

Hörverstehen

Teil 1

41. **⊠R** F
42. **⊠R** F
43. R **⊠F**
44. **⊠R** F
45. R **⊠F**

Teil 2

46. R **⊠F**
47. **⊠R** F
48. **⊠R** F
49. **⊠R** F
50. R **⊠F**
51. R **⊠F**
52. **⊠R** F
53. R **⊠F**
54. R **⊠F**
55. R **⊠F**

Teil 3

56. **⊠R** F
57. R **⊠F**
58. R **⊠F**
59. R **⊠F**
60. R **⊠F**

Abschlusstest Lösungen

Leseverstehen

Teil 1

1.	A	B	C	D	**✗**E	F	G	H	I	J
2.	A	B	C	D	E	**✗**F	G	H	I	J
3.	A	B	C	D	E	F	G	**✗**H	I	J
4.	A	B	C	D	E	F	**✗**G	H	I	J
5.	A	B	C	D	E	F	G	H	I	**✗**J

Teil 2

6.	A	**✗**B	C
7.	**✗**A	B	C
8.	A	B	**✗**C
9.	A	**✗**B	C
10.	A	**✗**B	C

Teil 3

11.	A	B	C	D	E	F	**✗**G	H	I	J	K	L		O
12.	A	B	C	D	E	F	G	H	I	J	K	L		**✗**O
13.	A	B	C	D	E	F	G	H	I	J	K	**✗**L		O
14.	A	B	C	**✗**D	E	F	G	H	I	J	K	L		O
15.	A	B	**✗**C	D	E	F	G	H	I	J	K	L		O
16.	A	**✗**B	C	D	E	F	G	H	I	J	K	L		O
17.	A	B	C	D	E	F	G	H	I	**✗**J	K	L		O
18.	A	B	C	D	E	F	G	H	I	J	K	L		**✗**O
19.	A	B	C	D	E	**✗**F	G	H	I	J	K	L		O
20.	**✗**A	B	C	D	E	F	G	H	I	J	K	L		O

Sprachbausteine

Teil 1

21.	A	B	**✗**C
22.	**✗**A	B	C
23.	A	B	**✗**C
24.	A	**✗**B	C
25.	A	B	**✗**C
26.	A	B	**✗**C
27.	**✗**A	B	C
28.	A	**✗**B	C
29.	**✗**A	B	C
30.	A	**✗**B	C

Teil 2

31.	A	**✗**B	C	D	E	F	G	H	I	J	K	L	M	N	O
32.	A	B	C	D	E	F	G	H	**✗**I	J	K	L	M	N	O
33.	A	B	C	D	E	F	G	H	I	J	K	**✗**L	M	N	O
34.	A	B	C	D	E	**✗**F	G	H	I	J	K	L	M	N	O
35.	A	B	C	D	E	F	G	H	I	J	**✗**K	L	M	N	O
36.	A	B	C	D	E	F	G	H	I	J	K	L	**✗**M	N	O
37.	A	B	**✗**C	D	E	F	G	H	I	J	K	L	M	N	O
38.	A	B	C	D	E	F	G	**✗**H	I	J	K	L	M	N	O
39.	A	B	C	D	E	F	**✗**G	H	I	J	K	L	M	N	O
40.	A	B	C	D	E	F	G	H	I	J	K	L	M	**✗**N	O

Hörverstehen

Teil 1

41.	**✗**R	F
42.	**✗**R	F
43.	R	**✗**F
44.	R	**✗**F
45.	R	**✗**F

Teil 2

46.	**✗**R	F
47.	**✗**R	F
48.	R	**✗**F
49.	R	**✗**F
50.	R	**✗**F
51.	**✗**R	F
52.	R	**✗**F
53.	**✗**R	F
54.	R	**✗**F
55.	R	**✗**F

Teil 3

56.	**✗**R	F
57.	R	**✗**F
58.	R	**✗**F
59.	R	**✗**F
60.	**✗**R	F

Zwischentest

Testaufgaben für KTN

Schriftliche Teile:

Mündliche Teile:

Antwortbogen

Name: ▨▨▨▨▨▨▨▨▨▨▨▨▨▨▨▨▨▨▨▨▨▨

Klasse: ▨▨▨▨▨▨▨

Datum: ▨▨/▨▨/▨▨▨▨

Markieren Sie Ihre Lösungen auf dem Antwortbogen. Hilfsmittel wie z. B. Wörterbücher sind nicht erlaubt.

Lesen Sie zuerst die fünf Texte (Nr. 1–5). Lesen Sie dann die zehn Überschriften (A–J) und entscheiden Sie, welcher Text am besten zu welcher Überschrift passt. Sie dürfen jeden Text und jede Überschrift nur einmal verwenden.

1

Wer kennt das nicht! Die letzten Tage zu Hause vergehen wie im Flug. Wenn in aller Eile gepackt wird, ist es nicht verwunderlich, wenn in letzter Minute die Bestätigungen für die Hotelreservierungen fehlen oder wenn ihnen am Flughafen einfällt, dass die Blumen zu Hause kein Wasser bekommen. Ein solcher Start in die schönste Zeit des Jahres muss nicht sein! Nachfolgend finden Sie eine Liste, auf der Sie alle Dinge ankreuzen können, die Sie bereits erledigt haben.
Besonders wichtig ist die Zusammenstellung des Handgepäcks, also der Gepäckstücke, die Sie bei sich tragen. Wählen Sie eine Tasche mit vielen Fächern, so dass Sie alle wichtigen Reiseunterlagen leicht finden können.
Aus: Meine Gesundheit. 1999 Reiseapotheke

2

Ein groß angelegtes Online-Reservierungssystem startet Autovermieter Europcar: Die 26 000 Fahrzeuge und Transporter werden nach Kategorien und Ausstattungsmerkmalen beschrieben und können direkt online gemietet werden – rund um die Uhr für jede der 420 deutschen Europcar-Stationen und mit einer Quittung direkt aus dem Internet. Auf Wunsch bekommt der Kunde den Wagen sogar vor die Haustür gefahren. Auch ein E-Mail-Newsservice ist integriert. Ziel von Europcar ist es, Online-Branchenführer zu werden und annähernd 15 Prozent aller Anmietungen über die Website abzuwickeln.
Aus: com! 9/98, S. 55

3

Dieses Angebot ermöglicht Ihnen grenzenloses Reisen in 30 europäischen Ländern einschließlich Marokko und die Türkei zum Pauschalpreis – und das bis zu einem Monat lang.
NEU: Seit dem 01.01.1998 gibt es zusätzlich zu dem bestehenden Angebot für Jugendliche bis einschließlich 25 Jahre (InterRail -26) jetzt auch ein entsprechendes Angebot für Erwachsene (InterRail 26+).
Der InterRail Pass wird für eine oder für mehrere InterRail-Zonen ausgestellt. Für eine Zone ist der Pass 22 Tage, für zwei oder mehrere Zonen 1 Monat gültig.
50% Ermäßigung gibt es für Fahrten innerhalb des Wohnsitzlandes bis zur Grenze und zurück sowie für Transitstrecken bis zum Geltungsbereich des InterRail Passes. Dies gilt auch, wenn eine der gekauften Zonen das Wohnsitzland einschließt.
Aus: Europa mit der Bahn (1998), S. 14

4

Zeit ist Geld: Schon als 16-Jähriger hat sich Martin Teucher aus Dresden geärgert, wie viele Routinearbeiten er am Computer erledigen muss, bevor er mit der Arbeit beginnen kann. Prompt gründete der Schüler das Unternehmen „TeuchiSoft" und brachte mit 17 Jahren seinen Homepage Upper auf den Markt. Die Internet-Software installiert und aktualisiert vollautomatisch die Homepage von Unternehmen und anderen Usern im Internet – ein wirksames Instrument wider den Zeitdieb Computer. Die Zeitersparnis für Unternehmen gibt der inzwischen 18-Jährige mit 40 Arbeitsstunden pro Jahr an. In kurzer Zeit hat die Ein-Mann-Firma mehr als 500 Nutzer für ihr Produkt gefunden; der Umsatz wird in diesem Jahr die Millionenmarke überspringen.

5

Mit den komfortablen und klimatisierten Nachtreisezügen der CityNightLine haben Sie einmal täglich durchgehende Verbindungen von Berlin, Leipzig, Hannover, Bremen, Dresden und Hamburg nach Freiburg (Brsg.), Basel und Zürich.
Sie haben die Auswahl unter den drei Reisekategorien Ruhesessel, Economy und Deluxe. Die Abteile der Kategorie Deluxe haben ein oder zwei bequeme Betten, eine Sitzecke sowie eine Duschkabine mit Toilette. In der Kategorie Economy sind die Abteile mit ein bis zwei bzw. mit drei bis vier Betten und einer Waschgelegenheit ausgestattet. Die Kategorie Ruhesessel bietet bequeme, verstellbare Sitze.
Nähere Informationen hierzu erhalten Sie im Prospekt „CityNightLine" sowie bei Fahrkartenausgaben, Reisezentren und Reisebüros mit DB-Lizenz, Internet www. citynightline.ch.
Aus: Europa mit der Bahn (1998), S. 22

Überschriften

A   Hotelreservierungen nicht vergessen!
B   Nachtfahrten mit der Bahn
C   Autovermietung über Internet
D   Das neue InterRail-Angebot für Erwachsene
E   Schüler gründet Internet-Firma
F   Bahnreisen in Europa
G   Homepage für Jugendliche
H   Nachts auf der Bahn – ein Sonderangebot für Jugendliche
I   Vor der Reise in den Urlaub
J   Der größte Online-Anbieter für Mietwagen

Lösungen: **Text**   *Überschrift*

Text	Überschrift
1	
2	
3	
4	
5	

**Zwischentest
Leseverstehen, Teil 2**

Arbeitszeit: etwa 35 Minuten

Name: ■■■■■■■■■■■■■■■■■■■■■■■■
Klase: ■■■■■■■■■
Datum: ■■/■■/■■■■

Lesen Sie den folgenden Text und lösen Sie dann die Aufgaben dazu.

Sommerurlaub: Großes Angebot drückt Preise

Reiseveranstalter hatten vor Saison mit höheren Zuwächsen kalkuliert

Von Arnulf Röhrich

Es ist noch Urlaub da. Für „die schönsten Wochen des Jahres" besteht in den bayerischen Sommerferien noch eine ganz gute Auswahl, berichten übereinstimmend Veranstalter und Reisebüros. „Es gibt fast überall noch etwas", sagt Christine Selig vom Reisebüro „Gewusst wie" in Laim, wenn nicht ganz spezielle Wünsche an den Counter gebracht werden. Die D & N Touristik in Oberursel meldet aktuell freie Plätze auch im preisgünstigen Bereich.

Zwei Erwachsene und zwei Kinder bis 12 Jahre können z. B. bei Neckermann für 4056 DM in der Türkei im Appartement zwei Wochen mit Halbpension urlauben.

Der Veranstalter Alltours aus Kleve hat in den Ferien „ab München noch einige Restkapazitäten frei". Die Reisebranche ist mit zu viel Optimismus an die Sommersaison 2000 herangegangen.

Die Veranstalter kauften großzügig Flugkapazitäten und Betten ein und planten in der Bundesrepublik drei bis vier Millionen Pauschalreisen mehr abzusetzen als im Vorjahr. Doch die Träume gingen nicht auf, Reisebüroinhaberin Christine Selig spricht von einem „etwas schwächeren Sommergeschäft".

Die Veranstalter, die auf Zuwachsraten von wenigstens zehn Prozent gesetzt hatten, müssen zurückstecken, auch wenn man dies so noch nicht sagen will. Alltours meldet ein gut laufendes Reisejahr, Julia Zur Weihen von TUI in Hannover gibt die Zuwachsrate zurzeit mit „gut einstellig" an. Bei Kreuzer liegen die Sommerbuchungen, so Geschäftsführer Albin Loidl, im Vorjahresniveau.

Die Reiseveranstalter vermeiden es noch, große, nicht abgesetzte Kapazitäten in den Last-Minute-Verkauf zu geben. Sowohl Alltours als auch C & N sprechen davon, dass sich die Last-Minute-Angebote auf Vorjahresniveau halten. Die Preisnachlässe bleiben im Bereich des Gewohnten. Es könnten allerdings in den nächsten Tagen noch besondere Angebote herauskommen, weil der Monat Juli „für Süddeutschland historisch ein schwieriger Monat" ist.

Die Reiselust nach der Türkei und Ägypten ist dieses Jahr besonders hoch, hier werden hohe Zuwachsraten erzielt. Bei der boomenden Türkei ist zu berücksichtigen, dass sie im letzten Jahr stark zurückgefallen war. Bei Fernreisen wächst das Aufkommen für die Dominikanische Republik, Kuba und Mexiko.

Deutschland wird neu entdeckt, die Ostsee, die mecklenburgische Seenplatte und der Bayerische Wald werden von Bahnreisenden oder Selbstfahrern gesucht.

Der Absatz von so genannten City- und Eventreisen läuft gut, viele leisten sich neben dem Jahresurlaub die Zweit- oder Drittreise in eine schöne Stadt oder zu einem Musical.

In München und Oberbayern lief die Reisesaison bis zu den Pfingstferien gut, danach sind die Buchungen abgebrochen. Reisebüroinhaberin Christine Selig vermutet, dass in diesem Jahr die Münchner und Oberbayern ihren Badeurlaub auf die Vorsaison nach Pfingsten vorgezogen haben und den Sommer in heimischen Gefilden verbringen wollen.

Aus: tz, 5.7.2000

Lösen Sie die Aufgaben 6–10. Kreuzen Sie die richtige Antwort (A, B oder C) an. Die Reihenfolge der Aufgaben folgt nicht immer der Reihenfolge des Textes.

6

Reiseveranstalter berichten, dass

A) die Reisen in den Schulferien nicht ausgebucht sind.
B) es für die Zeit der Sommerferien in Bayern noch gute Angebote gibt.
C) es vor allem noch Plätze bei billigen Reisen gibt.

7

Die Reiseveranstalter planten in diesem Jahr

A) drei bis vier Millionen Urlaubsreisen in die Bundesrepublik zu verkaufen.
B) drei bis vier Millionen Pauschalreisen in der Bundesrepublik zu verkaufen.
C) mehr Pauschalreisen als im Vorjahr in der Bundesrepublik zu verkaufen.

8

In Deutschland

A) machen viele Menschen in einem Jahr zwei oder drei Urlaubsreisen.
B) reisen viele Menschen mit der Bahn oder mit dem eigenen Wagen in den Urlaub.
C) sind schöne Städte und Musicals ein neues Urlaubsziel.

9

In München und Oberbayern

A) waren alle Reisen bis zu den Pfingstferien ausgebucht.
B) gab es nach den Pfingstferien keine Buchungen mehr.
C) war das Tourismusgeschäft bis zu den Pfingstferien gut.

10

Es gibt in diesem Jahr ein besonders großes Interesse an

A) Fernreisen.
B) Reisen in die Türkei.
C) Flugreisen nach Mexiko und Kuba.

Name: ■■■■■■■■■■■■■■■■■■■■■■■

Klasse: ■■■■■■■■■

Datum: ■■ / ■■ / ■■■■

Lesen Sie zuerst die 10 Situationen (Nr. 11–20) und die 12 Anzeigen (A–L). Welche Anzeige passt zu welcher Situation? Sie können jede Anzeige nur einmal verwenden. Es ist auch möglich, dass es keine passende Anzeige gibt. In diesem Fall schreiben Sie 0.

Situationen	Anzeigen
11. Sie möchten Salsa tanzen lernen.	■
12. Sie möchten Jiu Jitsu lernen.	■
13. Sie sind eine Studentin aus dem Ausland, haben keine Berufsausbildung, sprechen aber gut Deutsch und suchen Arbeit.	■
14. Sie suchen Kontakt zu anderen Menschen.	■
15. Sie sind Student, sprechen etwas Italienisch und möchten in Italien arbeiten.	■
16. Sie suchen ein italienisches Restaurant.	■
17. Sie sind in München und suchen einen Biergarten.	■
18. Sie möchten billig ins Ausland fliegen.	■
19. Sie haben einen Führerschein und suchen eine Teilzeitarbeit als Fahrer.	■
20. Sie sind Verkäuferin, arbeiten aber nur drei Tage in der Woche. Sie suchen einen zweiten Arbeitsplatz.	■

A

Das italienische Hotel
La Terrazza
Bahnhofstraße 30, 82152 Planegg
Restaurant im Haus, 2 Geh-Min zur S6, direkt zur Messe
Tel. 0 89/8 89 96 3   Fax 0 89/89 99 63 3
BJARCO

B
BISTRO**NTERMEZZO**
**täglich frische Spezialitäten – bunte Salate –
Süßspeisen – Augustiner Bier vom Faß –
Kleine Veranstaltungen – Durchgehend warme Küche**
Mo. – Fr. 10.00 – 23.00 h, Inhaberin: Elfi Bauer
Nur 5 Min. vom Gasteig – Rosenheimer Str. 75, Tel.: 48 95 451

C
ZABAI○NE
moda   per le donne
Wir sind Textil-Filialunternehmer mit 10 Filialen in Bayern
und suchen für unsere Filiale im **Olympia Einkaufszentrum** junge
Verkäuferinnen zur Aushilfe
auf 630-DM-Basis, kein Zweitjob
Bitte rufen Sie uns an: Telefon 0 89 / 14 59 7

D
Frisör/-in
Voll- oder Teilzeit
in Sendling gesucht.
Tel.: 0179/5 94 60 3, ab 20 Uhr

E
Au-Pair-Mädchen oder Kindergärtnerin
für Bozen/Italien ab sofort gesucht.
Italienischkenntnisse wären von Vorteil.
Wir bieten angemessene Bezahlung, eigene Wohnung
und gutes Arbeitsklima. ☎ 0039/335/683080

G

I

J

L

Schreiben Sie nun alle Lösungen (Teil 1, Teil 2 und Teil 3) auf den Antwortbogen.

Zwischentest
Sprachbausteine, Teil 1

Arbeitszeit: etwa 10 Minuten

Name: ▪▪▪▪▪▪▪▪▪▪▪▪▪▪▪▪▪▪▪▪▪▪▪

Klasse: ▪▪▪▪▪▪▪▪

Datum: ▪▪/▪▪/▪▪▪▪

Lesen Sie den folgenden Text und kreuzen Sie für jede Lücke das richtige Wort (A, B oder C) an.
Markieren Sie dann Ihre Lösungen auf dem Antwortbogen.

(0) Bernd,

aus unserer Schülerzeitung habe ich deine Adresse erfahren. Ich (21) mich freuen, wenn wir uns auf Deutsch schreiben könnten. Ich denke, wir haben viele gemeinsame Interessen und ich brauche das Lesen und Schreiben, (22) in der Schule im Deutschunterricht bessere Noten zu bekommen.
Zuerst möchte ich schreiben, (23) ich bin. Ich heiße Gerard Arnink, bin 15 Jahre alt und wohne in den Niederlanden, in Ruurlo. Ich habe zwei Geschwister, aber sie haben ihre (24) Freunde und wir streiten uns oft.
Mein Vater arbeitet in (25) englischen Firma und wollte, dass ich die Oberschule besuche, aber da hat es mir zuerst nicht (26) , ich wollte (27) arbeiten als lernen. Jetzt denke ich, dass es ganz gut ist, wenn ich das Abitur mache und dann studieren kann.
Vielleicht möchtest du wissen, (28) Hobbys ich habe und (29) ich mich besonders interessiere. Ich schwimme gern, fahre oft Rad und spiele Fußball, ich bin Stürmer in der Schulmannschaft.
Wenn du Lust hast, schreib (30) doch einmal und vielleicht kannst du auch meinen Brief verbessern, damit ich etwas lerne.

Es grüßt dich

Gerard

Aufgaben

Beispiel: (0)
A) Liebe   B) Lieben   Ⓧ)Lieber

	A)	B)	C)
21.	werde	würde	kann
22.	damit	um	weil
23.	wie	was	wer
24.	eigenen	eigene	eigen
25.	eine	ein	einer
26.	gefiel	gefällt	gefallen
27.	lieber	besser	schneller
28.	dass	welche	ob
29.	wofür	woran	was
30.	mich	mir	es

Zwischentest
Sprachbausteine, Teil 2

Name: ████████████████████████████

Klasse: ██████████

Datum: ██/██/████

Arbeitszeit: etwa 10 Minuten

Lesen Sie den folgenden Text und schreiben Sie auf dem Antwortbogen den richtigen Buchstaben (A–O) hinter die Nummern 31–40. Sie können jedes Wort nur einmal verwenden. Nicht alle Wörter passen in den Text.

Ferien auf dem Bauernhof!

Freistehender, großer Hof am Dorfrand. Absolut ruhige
Lage. Viele Tiere und viel Platz zum Spielen.
Familienkontakt möglich, drei Kinder im Alter von 9 bis 14
Jahren. Vollpension, drei große, helle Zimmer (Ostseite)
im Parterre und Gartenteil zum Süden. Toilette
und Dusche auf dem Flur.
Für weitere Informationen schreiben Sie bitte an
Therese Wilhelm
Moorstr. 17
31535 Mardorf

---

(0) geehrte Frau Wilhelm,

aus dem Internet habe ich (31) , dass Sie „Ferien auf dem Bauernhof" anbieten. Ich möchte Sie bitten, mir mehr Informationen zu schicken.

Wir sind zwei Familien und haben beide zwei kleine Kinder im Alter von 3 bis 7 Jahren. Wir möchten gerne (32) nächsten August/September drei Wochen in Mardorf Urlaub machen, am (33) die letzten zwei Augustwochen und die erste Septemberwoche. Unsere Freunde sind in einem Dorf groß geworden, aber wir kommen (34) der Großstadt und unsere Kinder haben noch nie auf einem Bauernhof gelebt. Können Sie mir daher bitte mitteilen, (35) Tiere Sie haben?
Wir planen viele Ausflüge und brauchen (36) keine Vollpension. Ist es auch möglich, Halbpension zu (37) ? Wenn ja, wie viel kostet diese pro Tag und wie hoch sind die Kosten für drei Wochen?

Bitte schicken Sie mir (38) möglich ein paar Prospekte über Ausflugsmöglichkeiten in der näheren Umgebung und teilen Sie mir mit, (39) es Busverbindungen zum Steinhuder Meer und nach Hannover gibt.

Und (40) Schluss noch eine Frage: Können wir uns bei Ihnen oder im Dorf Fahrräder für Erwachsene ausleihen?

In Erwartung Ihrer Antwort grüßt Sie freundlich

Karl Meister

Beispiel:
(0) geehrte Frau Wilhelm,
Lösung: P

A) essen	G) zum	M) erfahren
B) am	H) als	N) wenn
C) welche	I) bekommen	O) aus
D) deswegen	J) im	P) ~~sehr~~
E) liebsten	K) was für	
F) ob	L) dass	

Name: ■■■■■■■■■■■■■■■■■■■■■■■■

Klasse: ■■■■■■■■■

Datum: ■■ / ■■ / ■■■■

Sie hören fünf kurze Texte. Sie hören diese Texte nur einmal. Dazu sollen Sie fünf Aufgaben lösen. Bei jeder Aufgabe sollen sie feststellen: Habe ich das im Text gehört oder nicht? Wenn ja, markieren Sie beim Hören R = richtig, wenn nein, markieren Sie F = falsch.

Lesen Sie zuerst die Aufgaben Nr. 41–45. Sie haben dazu 30 Sekunden Zeit.

Aufgaben

R F

41. Der Sprecher hat in der Großstadt studiert.
42. Die meisten Schulfreundinnen der Sprecherin leben in der Kleinstadt.
43. Die Sprecherin möchte gerne in New York leben.
44. Die Sprecherin meint, dass es für Kinder besser ist, wenn sie in der Kleinstadt leben.
45. Die Frau des Sprechers möchte in der Stadt leben.

Zwischentest Hörverstehen, Teil 2

Sie hören ein Gespräch. Dazu sollen Sie 10 Aufgaben lösen. Sie hören den Text zweimal, bei jeder Aufgabe sollen Sie feststellen: Habe ich das im Text gehört oder nicht? Wenn ja, markieren Sie R = richtig. Wenn nein, markieren Sie F = falsch.

Lesen Sie zunächst die Aufgaben Nr. 46 bis 55. Sie haben dazu eine Minute Zeit.

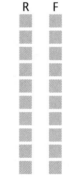

R F

46. Frau Grendas Vater ist Schneider.
47. Frau Grendas Eltern freuen sich darüber, dass sie diesen Beruf hat.
48. Die offizielle Arbeitszeit für Frau Grenda sind 38,5 Stunden pro Woche.
49. Es ist Frau Grenda egal, wie lange sie arbeitet.
50. Frau Grenda muss alle vierzehn Tage ins Ausland fliegen.
51. Das größte Problem bei der Arbeit sind die Mitarbeiter.
52. Das Schönste für Frau Grenda ist Reisen und im Ausland leben.
53. Frau Grenda möchte mehr Zeit für ihre Freunde und für Sport haben.
54. Frau Grenda nimmt im Ausland an Fortbildungsseminaren teil.
55. Frau Grenda möchte die Firma wechseln und woanders arbeiten.

Zwischentest Hörverstehen, Teil 3

Sie hören jetzt fünf kurze Texte. Sie hören diese Texte zweimal. Dazu sollen Sie fünf Aufgaben lösen. Bei jeder Aufgabe sollen Sie feststellen: Habe ich das im Text gehört oder nicht? Wenn ja, markieren Sie beim ersten Hören oder danach R = richtig, wenn nein, markieren Sie F = falsch.

R F

56. Nummer 52 und 31.
57. Er möchte wissen, wie man die Projektkosten im Computer ändern kann.
58. Aus Westasien.
59. 0819 / 575 375
60. Bis 15.11.

Markieren Sie nun alle Lösungen (Teile 1, 2 und 3) auf den Antwortbogen. Sie haben dazu 5 Minuten Zeit.

Name: ▪▪▪▪▪▪▪▪▪▪▪▪▪▪▪▪▪▪▪

Klasse: ▪▪▪▪▪▪▪▪

Arbeitszeit: 30 Minuten

Datum: ▪▪/▪▪/▪▪▪▪

Sie haben in der Zeitung eine Anzeige für eine Au-Pair-Stelle in Deutschland gelesen.

Au-Pair-Mädchen oder -Junge in Düsseldorf für zwei Kinder
– Mädchen (8), Junge (10) – gesucht. Eigenes Zimmer mit
Fernseher vorhanden, Taschengeld, Freizeit.
Bedingungen: Englisch als Muttersprache oder gute
Englischkenntnisse. Alter zwischen 18 und 25.
Arbeitsdauer: Ein Jahr.

Schreiben Sie eine Bewerbung. Schreiben Sie etwas zu allen vier Punkten.
Überlegen Sie sich eine passende Reihenfolge der Punkte. Vergessen Sie nicht Datum
und Anrede und schreiben Sie auch eine passende Einleitung und einen passenden
Schluss.

nach der Arbeit und den Aufgaben fragen
sich vorstellen
welche Wünsche Sie haben
warum Sie sich bewerben

Schreiben Sie den Brief auf den Antwortbogen „Schriftlicher Ausdruck".

Name:

Klasse:

Datum:

Deutschland immer beliebter

Die Amerikaner lieben das romantische Deutschland: Heidelberg und Neuschwanstein gehören zu den klassischen Zielen. Viele fahren mit Rucksack und Bahnticket durchs Land. Deutschland wird als Reiseziel immer beliebter, nicht nur bei den Amerikanern. Seit fünf Jahren steigt die Zahl der ausländischen Gäste in Hotels und Pensionen: 1998 waren es 3,2 Prozent mehr als im Vorjahr.

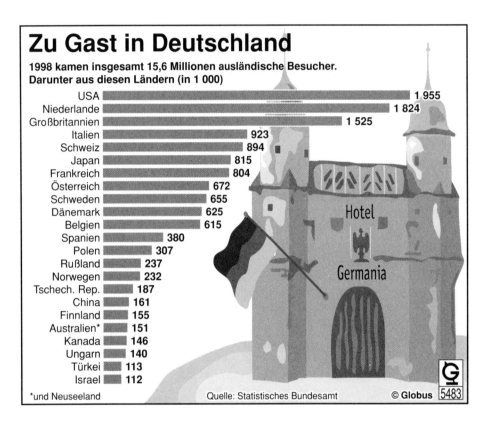

Zu Gast in Deutschland

1998 kamen insgesamt 15,6 Millionen ausländische Besucher.
Darunter aus diesen Ländern (in 1 000)

USA	1 955
Niederlande	1 824
Großbritannien	1 525
Italien	923
Schweiz	894
Japan	815
Frankreich	804
Österreich	672
Schweden	655
Dänemark	625
Belgien	615
Spanien	380
Polen	307
Rußland	237
Norwegen	232
Tschech. Rep.	187
China	161
Finnland	155
Australien*	151
Kanada	146
Ungarn	140
Türkei	113
Israel	112

*und Neuseeland   Quelle: Statistisches Bundesamt   © Globus 5483

Aufgabe

Berichten Sie kurz, welche Informationen Ihnen die Tabelle oben gibt. Danach berichtet Ihre Prüferin / Ihr Prüfer kurz über die Informationen in ihrer / seiner Tabelle.

Ihre Prüferin / Ihr Prüfer wird Ihnen einige Fragen stellen. Reagieren Sie darauf, so dass sich ein Gespräch zwischen Ihnen und Ihrer Prüferin / Ihrem Prüfer ergibt.

Name: ■■■■■■■■■■■■■■■■■■■■

Klasse: ■■■■■■■■

Datum: ■■/■■/■■■■

Sie haben eine neue Wohnung und möchte Ihre Kolleginnen und Kollegen einladen.
Überlegen Sie, was Sie einkaufen und tun müssen.
Sie haben sich schon einen Zettel mit folgenden Notizen gemacht.

Wohnungs-Party

- Termin

- Teilnehmer

- Essen

- Musik

- Getränke

- Tanzen

- Geld

Abschlusstest

Testaufgaben für KTN

Schriftliche Teile:

Mündliche Teile:

**Abschlusstest
Leseverstehen, Teil 1**

Arbeitszeit: etwa 20 Minuten

Name: ████████████████████████
Klasse: ████████
Datum: ██/██/████

*Markieren Sie Ihre Lösungen auf dem Antwortbogen. Hilfsmittel wie z. B.
Wörterbücher sind nicht erlaubt.*

*Lesen Sie zuerst die fünf Texte (Nr. 1–5). Lesen Sie dann die zehn Überschriften (A–J)
und entscheiden Sie, welcher Text am besten zu welcher Überschrift passt. Sie dürfen
jeden Text und jede Überschrift nur einmal verwenden.*

1

Vielleicht der internationalste Platz in Berlin: Die Veranstaltungen und Ausstellungen
des Hauses der Kulturen der Welt in der früheren Kongresshalle im Tiergarten sind ein
wichtiges Forum für den Dialog mit den außereuropäischen Kulturen. Ob Filmreihen
aus Japan, Musik von der Elfenbeinküste, eine Schau mit Kunsthandwerk aus Asien
oder ein Symposion zur lateinamerikanischen Literatur – das Haus der Kulturen kennt
keine Grenzen. Gegründet 1989, hat sich das Haus der Kulturen vor allem auf
Gegenwartskultur aus aller Welt spezialisiert. Im vergangenen Jahr fanden rund 780
Veranstaltungen mit 340 000 Besuchern statt. Mit einer Fiesta Cubana tanzte das Haus
der Kulturen am 31. Dezember mit seinen Gästen ins neue Jahrtausend. Mit dabei
waren Musiker aus fünf Kontinenten.
Aus: Deutschland 5/99, S. 65

2

Die erste Verfilmung eines Kästner-Buches und gleich ein Volltreffer: eine
Pionierleistung des Kinderfilms und beinahe so etwas wie eine Reportage über das
Berlin der Dreißigerjahre. Das Drehbuch schrieb, nach einem Entwurf von Kästner und
Emmerich Preßburger, Billie Wilder.
Aus: Filmmuseum München, Erich Kästner Filme

3

Das am Museumsufer gelegene Deutsche Filmmuseum beherbergt neben seiner
ständigen Ausstellung zur Geschichte des Films das Kommunale Kino und das
Deutsche Institut für Filmkunde. Zur Verfügung stehen dem filmhistorisch
Interessierten eine etwa 45 000 Titel umfassende Bibliothek, mehr als 300 in- und
ausländische Zeitschriften zum Thema, nahezu 28 000 Filmplakate, über 3 000
deutschsprachige Filme und etwa eine Million Fotos aus Filmen, ferner fast 4 000
Original-Drehbücher und eine weltweit einzigartige Sammlung von Partituren und
Schallplatten zur Film- und insbesondere Stummfilmmusik. Eine Videothek ermöglicht
es dem Besucher, Spiel- und Dokumentarfilme nach individueller Auswahl zu sehen.
Das Filmmuseum wurde 1984 eröffnet.
Aus: Bertelsmann Museumsführer (1992), S. 182

4

Am Abend erreichten mich vor und während des Staatsbanketts, zu dem Polens
Ministerpräsident Mazowiecki geladen hatte, die ersten Gerüchte. Im Laufe der
Stunden bestätigte sich, was sich in Berlin Dramatisches ereignete. Wir wurden laufend
aus dem Kanzleramt informiert. Dann hörten wir auch schon die ersten Nachrichten
aus den westlichen Hauptstädten. Es war ohne Zweifel einer der dramatischsten

Augenblicke der jüngsten Geschichte. Und wir standen in diesem Moment außerhalb dieser Ereignisse, wir fühlten uns quasi wie auf einem anderen Stern.
Aus: Deutschland 5/99, S. 12

5

Alltagsgeschichten von sieben Menschen aus Ost- und Westberlin. Das Leben mit der Mauer, die direkt vor ihren Fenstern stand. Den Ausblick fand zwar niemand schön, aber er war eben normal. Teilweise wohnten die anderen genau gegenüber, doch die Mauer trennte ihre kleinen Straßen in zwei Länder. Kontakte waren höchstens durch Winken möglich. Den akustischen Hintergrund der Sendung bilden Reden aus dieser Zeit.
Aus: Deutschlandradio Berlin, Programm 11/99

Überschriften

A Jahrtausendfeier im Haus der Kulturen der Welt
B Als die Mauer fiel
C Eine Fernsehsendung mit Geschichten aus West- und Ostdeutschland
D Videothek im Frankfurter Filmmuseum eröffnet
E Das Haus der Kulturen der Welt
F Die Verfilmung eines Kinderbuches von Erich Kästner
G Ein Gast des polnischen Ministerpräsidenten berichtet
H Das Deutsche Filmmuseum
I Reportagen aus dem Berlin der Dreißigerjahre
J Informationen zu einer Sendung über das Leben an der Berliner Mauer

Lösungen:	Text	Überschrift
	1	▨
	2	▨
	3	▨
	4	▨
	5	▨

Abschlusstest
Leseverstehen, Teil 2

Arbeitszeit: etwa 35 Minuten

Name:

Klasse:

Datum:

Lesen Sie den folgenden Text und und lösen Sie dann die Aufgaben.

Beachten Sie, dass die Aufgaben nicht immer in der Reihenfolge des Textes kommen.

Überfüllte Volkshochschulen:

Die Deutschen lernen alles

Von Fatina Keilani

Einmaleins des Flirtens, Bauchtanz, Business English – die deutschen Volkshochschulen (VHS) bieten alles und doch nicht genug: Sie platzen aus allen Nähten. Die Nachfrage übersteigt das Angebot bei weitem. In Dresden etwa gibt es von „Wilhelm Tell und der Rütlischwur" über „Kalligraphie – Die Seele der Japaner" bis zur „Anlage eines Heidegartens" nichts, was es nicht gibt. Kurse über Tee, Wein, Pralinen oder das Problem „Nie reicht mein Haushaltsgeld" stehen ebenso zur Wahl wie Meditation und Gedächtnistraining, Make-up und Körpersprache. „Sie müssen nicht glauben, dass das alles vom Staat gefördert wird", sagt der Direktor des Deutschen Volkshochschulverbands, Volker Otto. „Kreativkurse müssen sich in aller Regel selbst tragen, nur die lernintensiven klassischen Weiterbildungsangebote werden staatlich unterstützt." Das bremst den Boom nicht und treibt auch die Preise nicht übermäßig in die Höhe. So kosten in Dresden 30 Unterrichtseinheiten Telefontraining 40 Euro. Der Crash-Kurs zur Computer-Tabellenkalkulation geht mit 125 Euro schon mehr ins Geld.

Gemeinsam ist den VHS-Programmen die grobe Einteilung in die Sachgebiete Politik und Gesellschaft, Gesundheit und Umwelt, Sprachen, berufliche Bildung, Kultur und Freizeit. „Was uns auszeichnet, ist eine umfassende Offenheit für alle Themen, alle Teilnehmer, alle Lehrmethoden", sagt Otto. Im Mittelpunkt stehen aber berufliche Weiterqualifikation und sprachliche Bildung. In der Gestaltung ihrer Programme sind die Volkshochschulen autonom. Wie breit das Angebot ist, hängt von Größe und Finanzlage der Kommune ab. In Nürnberg – die Stadt hat 500 000 Einwohner – nutzen täglich 4000 Menschen ein VHS-Angebot.

„Die Bürger in den neuen Bundesländern zeigen sich stärker an Kursen in Fremdsprachen und an Angeboten zur beruflichen Weiterbildung interessiert", sagt Otto. Schulabschlüsse und eine Vielzahl von europaweit gültigen Zertifikaten können erworben werden. Unterrichtet wird meist durch freie Mitarbeiter. Die Sprachkurse geben häufig Muttersprachler.

„Volkshochschulen", sagte Otto in dem Interview 1995, „gibt es seit Ende des vergangenen Jahrhunderts". „Ab 1919 wurden sie verstärkt gegründet, weil die Weimarer Reichsverfassung bestimmte, dass das Volksbildungswesen durch Reich, Länder und Gemeinden gefördert werden solle." Heute gehört es vielerorts zur Pflicht der Kommune, Volkshochschulen zu fördern. Dazu zählt auch, Möglichkeiten für alle zu bieten. So gibt es spezielle Angebote für Senioren, Schüler, Behinderte oder Ausländer.

Aus: Süddeutsche Zeitung, Nr. 159/1995

*Lösen Sie die Aufgaben 6–10. Kreuzen Sie die richtige Antwort
(A, B oder C) an. Die Reihenfolge der Aufgaben ist nicht immer die Reihenfolge des
Textes.*

6

Die Volkshochschulkurse bieten

A) mehr Themen als nötig.
B) nicht genug Themen.
C) alle Themen, die gewünscht werden.

7

Der Staat unterstützt

A) nur die klassischen Weiterbildungskurse.
B) im allgemeinen die Kreativkurse.
C) besonders die Computerkurse.

8

Alle Volkshochschulen

A) haben dasselbe Programm.
B) bieten vor allem kulturelle und berufliche Kurse an.
C) machen ihr eigenes Programm.

9

Die Bewohner in den neuen Bundesländern haben ein besonderes Interesse an

A) europäischen Zertifikaten.
B) Kursen mit Fremdsprachen.
C) Angeboten von Sprachkursen mit Muttersprachlern.

10

Die Volkshochschulen wurden

A) zu Beginn des 20. Jahrhunderts gegründet.
B) Ende des 19. Jahrhunderts gegründet.
C) in allen Kommunen gegründet.

Abschlusstest
Leseverstehen, Teil 3

Arbeitszeit: etwa 15 Minuten

Name:

Klasse:

Datum:

Lesen Sie zuerst die 10 Situationen (Nr. 11–20) und die 12 Anzeigen (A–L). Welche Anzeige passt zu welcher Situation? Sie können jede Anzeige nur einmal verwenden. Es ist auch möglich, dass es keine passende Anzeige gibt. In diesem Fall schreiben Sie 0.

Situationen

11. Sie haben Ihren Schlüssel verloren und können nicht in Ihre Wohnung.
12. Sie möchten Ihrer Mutter zum Muttertag eine Reise nach Buenos Aires und Rio de Janeiro schenken.
13. Sie haben eine neue Wohnung und suchen Polstermöbel, die nicht zu teuer sind.
14. Sie möchten im Skiurlaub auch einmal Karneval / Fasching feiern.
15. Sie haben einen Sohn von vierzehn Jahren und suchen für ihn einen Feriensprachkurs in Spanien.
16. Sie möchten mit Ihrer Familie einen Wanderurlaub machen.
17. Ihr Wohnzimmer muss gestrichen werden, Sie möchten eine helle Farbe.
18. Sie haben zwei Wochen Urlaub und möchten nach Südamerika reisen.
19. Sie haben eine neue Wohnung und suchen eine Umzugsfirma.
20. Ihre Tochter hat Probleme in der Schule, sie hat schlechte Noten und Sie suchen Hilfe.

Anzeigen

A

Spaß und gute Noten!

Bei der Schülerhilfe gibt's preiswerte Nachhilfe und Hausaufgaben-Betreuung in Kleingruppen ab der Grundschule.

Garmisch-Part., Tel. 08821/1941   Geretsried, Tel. 08171/1941
Murnau, Tel. 08841/1941   Penzberg, Tel. 08856/1941
Starnberg, Tel. 08151/1941   Weilheim, Tel. 0881/1941

Jetzt anmelden: DM 59,– sparen!

Info und Anmeldung: Mo.-Fr. 15.00-17.30 Uhr

25 JAHRE
Schülerhilfe
Lernen macht wieder Spaß

B

Urlaub erleben –
Aktivität genießen!
▸ Fahrradurlaub ▸ Wanderungen
▸ Kanutouren ▸ Ski-Reisen
▸ Segeltörns ▸ Gruppe + individuell

NATOURs
Untere Eschstraße 15, 49179 Ostercappeln
Tel.: 05473/9229   Fax: 821
www.natours.de

C

Qualitäts-Sprachkurse

für Erwachsene
● Gruppen-Kurse von 2 bis 24 Wochen
● Wirtschafts- und Fachsprachen-Spezialkurse
● hochintensive Crash-Kurse für Führungskräfte
● Einzelunterricht in einer Sprachschule oder als einziger Gast in der Familie des Lehrers
● Fortbildungskurse für Fremdsprachenlehrer

für Schüler ab 10 Jahren
● Gruppenkurse (Familien- oder College-Unterkunft)
● als einziger Gast in der Familie des Lehrers
in □ GB, Irland □ Malta □ USA □ Australien/Neuseeland
□ Französisch □ Spanisch □ Italienisch □ Sonstige
Bitte geben Sie ihre Wünsche genau an, und nutzen Sie unsere Beratung, um den für Sie passenden Sprachkurs zu finden.

D

FASCHING IM SCHNEE

13. 2.–17. 2. Fassatal,
Dolomiten, Hotel, HP

nur DM 360,–
VIVA Sportreisen
Tel. 089-89 32 30

E

SPANIENUMZÜGE

von/nach ganz Deutschland, Österreich, Schweiz Beladungen, Komplettumzüge mit Fullservice, Möbellagerung in Deutschland und Spanien möglich. Eigene Niederlassung in Spanien mit deutschem Fachpersonal

ZITZELSBERGER
Int. Möbelspedition, 93055 Regensburg
Tel. (09 41) 7 50 9, Fax 70 13 55

HEINRICH ZOLK

Spedition
Möbeltransporte

Nah-/Fern- u. Kleintransporte
Möbellagerung

82467 GAP · Ferdinand-Barth-Str. 17 · Telefon 08821/242

G

Schlüssel-Dienst
Aufsperr-Dienst

Ihr Fachgeschäft
E. Aigner

Feldmochinger Str.11 · 80992 München
Tel. 0 89 / 1 49 66 5 · Fax 0 89 / 14 60 5

H

**Messe/Ausstellungsstücke,
Lagerüberhänge
aus Buche massiv**

extrem **reduziert!**

Tische L:180-320 cm
Stühle mit+ohne Armlehne
Bänke L:180+220 cm
Servierwagen div.
Bettgestelle B:140+160 cm
usw. ...

nur **Fr.** 15-19.00 + **Sa.** 11-14.00
Tulbeckstr.21 - 80339 Mchn.
Info 0172 - 863 91 7

I

**Rechtzeitig
an Muttertag
denken**

**Verschenken Sie
etwas "Besonderes"**

Wir halten Geschenkgutscheine für
Frisurenbehandlungen für Sie bereit.

*Friseur
Blatter*

OLYMPIA
EINKAUFSZENTRUM
Tel. 0 89/1 41 60 6

J

...immer für Sie da!

MALERMEISTER
DIETER ROTHER
TELEFON 14 57 3

L

GANZES
SOFA.
HALBER
PREIS.

POLSTERMÖBEL UND TISCHE
Ausstellungsstücke
führender Markenhersteller!
40-70% unter unverbindlicher
Preisempfehlung der Hersteller!
Sofort lieferbar!

K

MONTEVIDEO UND
BUENOS AIRES

im Februar

Spanisch lernen in Montevideo
Tango tanzen in Buenos Aires
Reiten in der Pampa
Sonnen am Rio de la Plata

16 Tage ab **2800,-**

inkl. Flug, Übernachtungen,
Tanz- oder Spanischkurs,
Stadtführung, Reisebegleitung

TANGOKURSE mit
Johanna Schneider, Jürgen Krebes,
Tango Maldito, München

*Schreiben Sie nun alle Lösungen (Teile 1, 2 und
3) auf den Antwortbogen.*

Abschlusstest
Sprachbausteine, Teil 1

Arbeitszeit: etwa 10 Minuten

Name:

Klasse:

Datum:

Lesen Sie den folgenden Text und kreuzen Sie für jede Lücke das richtige Wort (A, B oder C) an.
Markieren Sie dann Ihre Lösungen auf dem Antwortbogen.

(0) Nancy,

endlich komme ich dazu, (21) zu schreiben. Die Ferien liegen (22) weit zurück und ich habe noch immer nicht berichtet, was ich gemacht habe. Also, ich bin mit meiner Freundin auf einem Schiff auf dem Rhein bis Mannheim (23) . Von dort ging's mit unseren Rädern in den Schwarzwald. Manchmal (24) wir, wir kommen in den Bergen nicht weiter, denn es war nicht einfach. Jedes Mal, (25) wir in einem Gasthaus eine Pause machten, wollten wir am (26) dort bleiben, denn was es da zu essen und zu trinken (27) , war einfach herrlich.

Sicher denkst du jetzt, dass wir nur (28) des Essens und Trinkens Urlaub gemacht haben. Das stimmt natürlich nicht! Wir haben auch viel von Deutschland und seiner Geschichte und Kultur kennen gelernt und wir haben (29) Bekanntschaften gemacht. Ich habe jetzt gar nicht genug Zeit, mit allen Leuten Kontakt zu halten.

Am Ende der Reise waren wir noch ein paar Tage in Freiburg. Von dort aus sind wir mit der Bahn nach Haus gefahren. Die meiste Zeit ging es den Rhein (30) , und das war sehr schön.

Bitte lass von dir hören und sei herzlich gegrüßt von

Deiner Hetty

Aufgaben

Beispiel: (0)
A) Liebe   B) Lieber   C) Lieb

	A)	B)	C)
21.	dich	uns	dir
22.	schon	erst	zwar
23.	geschwommen	gegangen	gefahren
24.	gedacht	dachten	denken
25.	dass	nachdem	wenn
26.	besten	schönsten	liebsten
27.	gab	gibt	hatte
28.	während	wegen	trotz
29.	nette	netten	nett
30.	entgegen	entlang	parallel

Abschlusstest
Sprachbausteine, Teil 2

Name: ▪▪▪▪▪▪▪▪▪▪▪▪▪▪▪▪▪▪▪▪

Klasse: ▪▪▪▪▪▪▪▪

Datum: ▪▪/▪▪/▪▪▪▪

Arbeitszeit: etwa 10 Minuten

Lesen Sie den folgenden Text und schreiben Sie auf dem Antwortbogen den richtigen Buchstaben (A–O) hinter die Nummern 31–40. Sie können jedes Wort nur einmal verwenden. Nicht alle Wörter passen in den Text.

Sehr (0) Ehepaar,

ich habe Ihre Anzeige in der Westfälischen Rundschau (31) 9./10. Sept. gelesen. Die Stelle interessiert (32) und ich würde gern genauere Auskunft über die Arbeitsbedingungen bekommen.

Aber zunächst möchte ich mich vorstellen:
Ich bin 18 Jahre alt und (33) zurzeit die letzte Klasse der Oberschule in Helmond. Im Juli haben wir die Abiturprüfung, so dass ich ab 1. August in Düsseldorf sein (34) .

In meiner Freizeit habe ich oft (35) Babysitterin gearbeitet. Ich habe drei jüngere Geschwister, und da habe ich auch zu Hause viele Aufgaben.

Ich würde gern ein Jahr in Düsseldorf bleiben, (36) meine Deutschkenntnisse zu verbessern. Ich habe zwar drei Jahre Deutsch gelernt, aber es muss noch vieles besser werden. Ich würde daher gerne abends an einem Deutschkurs teilnehmen. Bitte teilen Sie (37) mit, ob ich für einen solchen Kurs frei bekommen kann.

Ich hätte auch gern gewusst, wie der Tagesablauf aussieht, was für ein Zimmer ich bekommen kann, wie viel Taschengeld es gibt usw.

Ich schicke Ihnen mit diesem Brief ein neues (38) von mir, (39) Sie wissen, wie ich aussehe.

Ich würde mich (40) , wenn Sie mir eine positive Antwort schicken.
Mit freundlichen Grüßen

Eveline Bloemeke

Beispiel:
Sehr (0) Ehepaar,
Lösung: P

A) dass
B) vom
C) mir
D) danken
E) Zeugnis
F) könnte
G) damit
H) Foto

I) mich
J) während
K) als
L) besuche
M) um
N) freuen
O) wie
P) ~~geehrtes~~

Name: ████████████████████████

Klasse: ████████

Datum: ██/██/████

*Sie hören fünf kurze Texte. Sie hören diese Text nur einmal. Dazu sollen Sie fünf
Aufgaben lösen. Bei jeder Aufgabe sollen sie feststellen: Habe ich das im Text gehört
oder nicht? Wenn ja, markieren Sie beim Hören R = richtig, wenn nein, markieren Sie
F = falsch.
Lesen Sie zuerst die Aufgaben Nr. 41–45. Sie haben dazu 30 Sekunden Zeit.*

Aufgaben

	R	F
41. Der Sprecher sagt, dass in Deutschland Englisch oft falsch benutzt wird.	☐	☐
42. Die Sprecherin findet es nicht gut, dass es im Deutschen so viele englische Ausdrücke gibt.	☐	☐
43. Der Sprecher hört lieber Amerikanisch als britisches Englisch.	☐	☐
44. Die Sprecherin findet den Einfluss des Englischen schlimm.	☐	☐
45. Der Sprecher meint, dass der moderne Mensch neben seiner Muttersprache noch zwei andere Sprachen können sollte.	☐	☐

Abschlusstest   Hörverstehen, Teil 2

*Sie hören ein Gespräch. Dazu sollen Sie 10 Aufgaben lösen. Sie hören den Text
zweimal, bei jeder Aufgabe sollen Sie feststellen: Habe ich das im Text gehört oder
nicht? Wenn ja, markieren Sie R = richtig. Wenn nein, markieren Sie F = falsch.*

Lesen Sie zunächst die Aufgaben Nr. 46 bis 55. Sie haben dazu eine Minute Zeit.

	R	F
46. Gerd hat in einem Supermarkt gearbeitet.	☐	☐
47. Gerd wollte selbstständig werden.	☐	☐
48. Gerd hat zu Hause viele italienische Weine kennen gelernt.	☐	☐
49. Gerd hat in Italien einen Sprachkurs besucht.	☐	☐
50. Gerds Eltern haben Geld vom Staat bekommen, um Gerd zu helfen.	☐	☐
51. Nachts konnte Gerd manchmal nicht schlafen, weil er finanzielle Probleme hatte.	☐	☐
52. Ein Depot ist ein Lager hinten im Hof.	☐	☐
53. Gerd will kein supermodernes Geschäft.	☐	☐
54. Gerd arbeitet mit den besten italienischen Weinproduzenten zusammen.	☐	☐
55. Nächstes Jahr werden Gerd und seine Partner einen eigenen Wein produzieren.	☐	☐

Abschlusstest Hörverstehen, Teil 3

Sie hören jetzt fünf kurze Texte. Sie hören diese Texte zweimal. Dazu sollen Sie fünf Aufgaben lösen. Bei jeder Aufgabe sollen Sie feststellen: Habe ich das im Text gehört oder nicht? Wenn ja, markieren Sie beim ersten Hören oder danach R = richtig, wenn nein, markieren Sie F = falsch.

R   F

56. Auf Gleis 13.
57. Er möchte wissen, ob er bei Beate übernachten kann.
58. Den ganzen Tag.
59. Im Park.
60. MK – DA 47.

Markieren Sie nun alle Lösungen (Teile 1, 2 und 3) auf den Antwortbogen. Sie haben dazu 5 Minuten Zeit.

Abschlusstest
Schriftlicher Ausdruck

Name: ████████████████████████████
Klasse: █████████
Datum: ██/██/████

Arbeitszeit: 30 Minuten

Sie haben im Ausland eine Bekanntschaft gemacht. Ihre Bekannte möchte Sie besuchen und hat folgenden Brief geschrieben:

Liebe(r) ...,

entschuldige, dass ich erst jetzt schreibe, aber ich hatte viel zu tun. Ich hoffe, du kannst meine Situation verstehen. Aber jetzt habe ich wieder Zeit und ich kann über den nächsten Urlaub nachdenken.

Am liebsten würde ich dich endlich einmal besuchen. Wir haben ja schon oft darüber gesprochen, aber wie du weißt, hatte ich bis jetzt keine Möglichkeit eine solche weite Reise zu machen. Aber in diesem Jahr habe ich Zeit und auch das notwendige Geld habe ich schon gespart.

Was hältst du von dieser Idee? Können wir uns sehen? Hast du Zeit?

Bitte antworte mir möglichst bald, ich freue mich auf deinen Brief.

Herzlich,

Angela

Schreiben Sie in Ihrem Brief etwas zu allen vier Punkten. Überlegen Sie sich eine passende Reihenfolge der Punkte. Vergessen Sie nicht Datum und Anrede, und schreiben Sie auch eine passende Einleitung und einen passenden Schluss.

welche Aktivitäten Sie mit Ihrer Bekannten planen
welche Kleidung sie mitnehmen soll
was die beste Jahreszeit für die Reise ist
wie sie sich am besten auf den Besuch vorbereiten kann

Schreiben Sie den Brief auf den Antwortbogen „Schriftlicher Ausdruck".

Abschlusstest   Mündlicher Teil
Teil 2 – Gespräch über ein Thema

Name:

Klasse:

Arbeitszeit: etwa 6 Minuten

Datum:

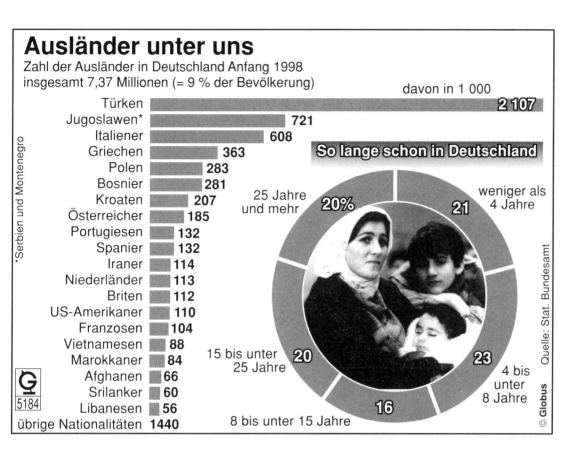

Ausländer unter uns

Zahl der Ausländer in Deutschland Anfang 1998
insgesamt 7,37 Millionen (= 9 % der Bevölkerung)

davon in 1 000

Türken	2 107
Jugoslawen*	721
Italiener	608
Griechen	363
Polen	283
Bosnier	281
Kroaten	207
Österreicher	185
Portugiesen	132
Spanier	132
Iraner	114
Niederländer	113
Briten	112
US-Amerikaner	110
Franzosen	104
Vietnamesen	88
Marokkaner	84
Afghanen	66
Srilanker	60
Libanesen	56
übrige Nationalitäten	1440

*Serbien und Montenegro

So lange schon in Deutschland

25 Jahre und mehr 20%
weniger als 4 Jahre 21
4 bis unter 8 Jahre 23
8 bis unter 15 Jahre 16
15 bis unter 25 Jahre 20

Quelle: Stat. Bundesamt

© Globus

G 5184

Neun Prozent der Bevölkerung in Deutschland haben eine fremde Staatsangehörigkeit. Die
Gründe, warum sie ihre eigene Heimat verlassen haben, sind unterschiedlich. Krieg oder
Verfolgung, ein Studium oder ein Arbeitsplatz in Deutschland oder auch einfach die
Hoffnung auf ein besseres Leben. Mit mehr als zwei Millionen stellen die Türken den
größten Anteil der ausländischen Mitbürger.

Aufgabe

*Berichten Sie kurz, welche Informationen Ihnen die Tabelle oben gibt. Danach
berichtet Ihre Prüferin / Ihr Prüfer kurz über die Informationen in ihrer / seiner Tabelle.*

*Ihre Prüferin / Ihr Prüfer wird Ihnen einige Fragen stellen. Reagieren Sie darauf, so
dass sich ein Gespräch zwischen Ihnen und Ihrer Prüferin / Ihrem Prüfer ergibt.*

Abschlusstest   Mündlicher Teil
Teil 3 – Lösen einer Aufgabe

Arbeitszeit: etwa 6 Minuten

Name: ████████████████████████
Klasse: █████████
Datum: ██/██/████

*Ihr Sprachkurs ist bald zu Ende. Sie wollen zusammen mit den anderen
Kursteilnehmern ein Abschiedsfest organisieren. Überlegen Sie, wer was tun muss.*

Sie haben sich schon einen Zettel mit Notizen gemacht.

Abschiedsfest

Ort

Essen

Getränke

Musik

Tanz

Gedichte, Lieder

Teilnehmer

Geschenke

Antwortbogen

Name: ▪▪▪▪▪▪▪▪▪▪▪▪▪▪▪▪▪▪▪▪▪▪

Klasse: ▪▪▪▪▪▪▪▪

Datum: ▪▪/▪▪/▪▪▪▪

Markieren Sie so: ✗

Teil 1

1. A B C D E F G H I J
2. A B C D E F G H I J
3. A B C D E F G H I J
4. A B C D E F G H I J
5. A B C D E F G H I J

Teil 2

6. A B C
7. A B C
8. A B C
9. A B C
10. A B C

Teil 3

11. A B C D E F G H I J K L   O
12. A B C D E F G H I J K L   O
13. A B C D E F G H I J K L   O
14. A B C D E F G H I J K L   O
15. A B C D E F G H I J K L   O
16. A B C D E F G H I J K L   O
17. A B C D E F G H I J K L   O
18. A B C D E F G H I J K L   O
19. A B C D E F G H I J K L   O
20. A B C D E F G H I J K L   O

Nicht ausfüllen

Lösungen Nr. 1-10 x 5: ☐ Punkte

Lösungen Nr. 11–20 x 2,5: ☐ Punkte

Ergebnis: ☐ Punkte

Zwischen- / Abschlusstest
plus deutsch 3
Sprachbausteine – Antwortbogen

Name: ▪▪▪▪▪▪▪▪▪▪▪▪▪▪▪▪▪▪▪▪▪▪

Klasse: ▪▪▪▪▪▪▪

Datum: ▪▪ / ▪▪ / ▪▪▪▪

Markieren Sie so: ✗

Teil 1

21. A B C
22. A B C
23. A B C
24. A B C
25. A B C
26. A B C
27. A B C
28. A B C
29. A B C
30. A B C

Teil 2

31. A B C D E F G H I J K L M N O
32. A B C D E F G H I J K L M N O
33. A B C D E F G H I J K L M N O
34. A B C D E F G H I J K L M N O
35. A B C D E F G H I J K L M N O
36. A B C D E F G H I J K L M N O
37. A B C D E F G H I J K L M N O
38. A B C D E F G H I J K L M N O
39. A B C D E F G H I J K L M N O
40. A B C D E F G H I J K L M N O

Nicht ausfüllen

Lösungen Nr. 21–30 x 1,5: ▢ Punkte

Lösungen Nr. 31 - 40 x 1,5: ▢ Punkte

Ergebnis: ▢ Punkte

Zwischen- / Abschlusstest
plus deutsch 3
Hörverstehen – Antwortbogen

Name: ▦▦▦▦▦▦▦▦▦▦▦▦▦▦▦▦▦▦▦

Klasse: ▦▦▦▦▦▦▦

Datum: ▦▦/▦▦/▦▦▦▦

Markieren Sie so: ✗

Teil 1

41. R   F
42. R   F
43. R   F
44. R   F
45. R   F

Teil 2

46. R   F
47. R   F
48. R   F
49. R   F
50. R   F
51. R   F
52. R   F
53. R   F
54. R   F
55. R   F

Teil 3

56. R   F
57. R   F
58. R   F
59. R   F
60. R   F

Nicht ausfüllen

Lösungen Nr. 41–45 x 5: ☐ Punkte

Lösungen Nr. 46–55 x 2,5: ☐ Punkte

Lösungen Nr. 56–60 x 5: ☐ Punkte

Ergebnis: ☐ Punkte

Zwischen- / Abschlusstest
plus deutsch 3
Schriftlicher Ausdruck Seite 1

Name: ▮▮▮▮▮▮▮▮▮▮▮▮▮▮▮▮▮▮▮▮▮▮▮

Klasse: ▮▮▮▮▮▮▮▮

Datum: ▮▮ / ▮▮ / ▮▮▮▮ ✂

Name: ████████████████████████

Klasse: ████████

Datum: ██/██/████

Kriterium

Punkte 1 [_____]   2 [_____]   3 [_____]

Gesamtpunkte [_____] x 3: [_____]

Wortliste *plus deutsch* 3

abbrechen (das Studium)	15	
Abgeordnete, *m/f*	5	
ablehnen	14	
ableiten	10	
Abreise, *f*	4	
Abschluss, *m*	9	
absetzen *etw. von etw.*	1	
sich abspielen	15	
Absturz, *m*	6	
absurd	4	
Abwechslung, *f*	1	
Adventskalender, *m*	8	
Ahnung, *f*	1	
Akkordeon, *n*	17	
Allierte, *Pl.*	4	
alltäglich	5	
Alte, *f/m*	15	
im Alter von	3	
Alternative, *f*	6	
sich amüsieren	12	
an Land gehen	3	
anbei	6	
anbieten	1	
Anden, *Pl.*	4	
anerkennen	16	
Anführungszeichen, *n*	16	
Anglistik, *f*	17	
ängstlich	4	
anhalten *bis ...*	6	
anklagen *jdn.*	9	
Anlass, *m*	17	
annehmen	2	
anpacken *etw.*	7	
sich anpassen	14	
sich anschauen *etw.*	3	
anschließend	12	
Anschluss, *m*	4	
Anschrift, *f*	9	
sich ansehen *etw.*	7	
ansprechen *jdn.*	15	
anständig	17	
anstatt	6	
anstecken	16	
Ansteckungsgefahr, *f*	16	
Ansteckungsmöglichkeit, *f*	16	
anstellen	7	
sich anstrengen	15	
Anteil, *m*	14	
Antisemitismus, *m*	14	
anzahlen	7	
Applaus, *m*	6	
Aquarium, *n*	8	
Araber, *m*	4	
arabisch	17	
Arbeitsanleitung, *f*	8	
Arbeitserfahrung, *f*	5	
Arbeitskraft, *f*	12	
Arbeitssituation, *f*	5	
Architekturgeschichte, *f*	10	

Armee, *f*	14	
ärztlich	16	
Assistentenstelle, *f*	15	
ästhetisch	14	
Asyl, *n*	14 (M)	
Atomkraftwerk, *n*	9	
attributiv	1	
auf diese Weise	10	
Aufbau, *m*	9	
aufbauen	10	
aufessen	16	
auffordern	6	
aufführen	6	
aufklären	14	
auflösen	4	
Aufmerksamkeit, *f*	13	
Aufnahme finden	10	
aufnehmen	14	
sich aufregen	14	
Aufregung, *f*	12	
Aufstand, *m*	9	
aufstellen	10	
Aufstiegschance, *f*	5	
Auftrag, *m*	5	
Auftritt, *m*	6	
Aufzeichnung, *f*	6	
Au-pair(-Mädchen), *n*	5	
Ausbau, *m*	12	
Ausbildung, *f*	5	
ausbrennen	10 (M)	
Ausdruck, *m*	8	
ausführlich	9	
aushalten *etw.*	4	
sich auskennen	15	
auslachen *jdn.*	3	
ausrechnen	11	
Ausrede, *f*	15	
ausschalten	7	
ausschreiben	5	
außerdem	4	
außerhalb	6	
äußern	4	
äußerst	4	
Aussiedler, *m*	12	
austrinken	16	
Auswanderer, *m*	14	
auswandern	14	
ausweisen	10	
Autobahnausfahrt, *f*	7	
Autobahnkleeblatt, *n*	2	
Autokarte, *f*	0	
Autor, *m*	0	
Autorität, *f*	8	
Autoschlüssel, *m*	2	
Babysitter, *m*	13	
Badestrand, *m*	8	
Baltikum, *n*	17 (M)	
Bambus, *m*	17	
Banknachbarin, *f*	15	

bankrott	12	
Barmädchen, *n*	4	
Barock, *m/n*	10	
Barockzeit, *f*	10	
Bart, *m*	3	
bärtig	3	
Bau, *m, Pl.* Bauten	10	
Baumeister, *m*	10 (M)	
Baustil, *m*	10	
Bearbeitung, *f*	9	
Beat, *m*	12	
bebauen	14	
bedienen	7	
Bedienungsanleitung, *f*	7	
bedrohen	17	
befestigen	8	
sich befinden	2	
befreundet sein mit *jdm.*	11	
Begegnung *mit jdm.*, *f*	4	
begeistert	7	
Begrüßung, *f*	6	
behalten	9	
behandeln *jdn.*	9	
beherrschen	3	
behilflich	14 (M)	
beinahe	15	
beinhalten	14	
Beitrag, *m*	6	
bekämpfen	14	
Belehrung, *f*	9	
bellen	9	
belügen *jdn.*	9	
Bemerkung, *f*	6	
benachbart	14	
benötigen *etw.*	7	
Benutzung, *f*	4	
beobachten	2	
beraten *jdn.*	16	
Beratung, *f*	16	
bereithalten	6	
bereits	1	
Bergdorf, *n*	17	
berücksichtigen	5	
beruflich	5	
Berufserfahrung, *f*	5	
Berufsgruppe, *f*	14	
Berufskrankheit, *f*	16	
Berufsmöglichkeit, *f*	15	
Berufstätigkeit, *f*	5	
sich beruhigen	7	
Besatzungszeit, *f*	14 (M)	
Besatzungszone, *f*	4	
beschädigt	9	
sich beschäftigen mit *etw.*	5	
beschäftigt sein	6	
Bescheid wissen	9	
sich beschweren *bei jdm. über etw.*	5	
beseitigen	11	
besetzen	4	

	Stichwort	Lektion
	besiegen	9
	besitzen	2
	Besserung (Gute Besserung!), f	16
	bestehen (es besteht die Gefahr)	16
	beteiligt sein	7
	betonen	9
	betragen	14
	betreten	3
	betrügen	9
	Bevölkerung, f	12
	bevorstehen	4
	Beweis, m	12
sich	bewerben um etw.	5
	Bewerber, m	13
	Bewerbungsschreiben, n	5
	Bewerbungsunterlagen, Pl.	5
	Bewohner, m	4
sich	beziehen auf etw.	1
	Bezirk, m	16
	Bilderbogen, m	10
	Bildqualität, f	4
	Bildtelefon, n	4
	Bildung, f	2
	binational	16
	binden	17 (M)
	bitter	6
	blasen	3
	Blick, m	14
	Blitz, m	9
	bloß	7
	Blutdruck, m	9
	Böhmen, (n)	10
	bohren	7
	Bombardierung, f	12
	Botanik, f	3
	Botschaft, f	5
	boykottieren	15
	Braut, f	17
	brav	15
	Bremse, f	2
	brodelnd	9
	Brücke, f	8
	Brunnen, m	2
	buddhistisch	4
	Bühne, f	6
	Bundeswehr, f	14
	Bürgerkrieg, m	0
	bürgerlich	14
	Bürgermeister, m	13
	Busch, m	3
	Christ, m	**14**
	chronisch	16
	Clown, m	14
	computergestützt	5
	Darstellung, f	**3**
	darunter	5
	Daumen, m	7
	demnächst	2
	denkbar	10
	Denkmalschützer, m	12
	Deodorant, n	0
	desinfizieren	16
	Deutsches Reich	12
	Deutschkenntnisse, Pl.	5
	deutschsprachig	11
	Deutschsprachige, f/m	17
	Dialekt, m	17
	Distanz, f	17
	dolmetschen	17
	Dolmetscher, m	17
	doppelt (so viel)	2
	dortig	14
	Dreck, m	12
	dreiteilig	6
	Drittes Reich	12
	Drohung, f	4
	drucken	8
	Duell, n	4
	Dunkel (im Dunkeln), n	13
	durchgehend	9
	durchschnittlich	4
	ebenso	**5**
	EDV-Programm, n	5
	ehrlich	2
	Eigenheim, n	2
	Eigenname, m	3
	Eigentumswohnung, f	2
	Einbrecher, m	9
	einbürgern	14
	einfallen	10
	Einfluss, m	14
	einflussreich	17 (M)
	Einführung, f	9
	einleiten	3
	einliefern	14
	Einmarsch, m	14
	Einreise, f	16
	Einsetzübung, f	17
	einst	11
	eintragen etw. in etw.	3
	eintreten	14
	Eintrittskarte, f	6
	einverstanden sein mit etw.	7
	Einwanderer, m	14
	einwandern	17
	Einwanderung, f	12
	Einwanderungsland, n	14
	Einwohnerzahl, f	2
	Eisbein, n	12
	Elfmeter, m	0
	Elternteil, m	14
	Emigration, f	14
	empfangen jdn.	10
	Engel, m	11
	Englischlehrer, m	5
	entdecken	2
	Ente, f	1
sich	entfernen	3
	entfernt	13
	entkommen	4
	entlassen	9
sich	entschliessen	14
	Entschluss (fassen), m	7
	entsprechen	9
	Entstehungsgeschichte, f	8
	enttäuscht von etw.	6
	entweder ... oder	17
	Epidemie, f	16
	Epoche, f	10 (M)
	Erfahrung, f	5
	Erfindung, f	17
	erfolglos	12
	Erfolgsstory, f	6
	erforderlich	16
	erfüllen	11
	erhalten	1
	Erhaltung, f	17
sich	erheben	3
sich	erholen von etw.	5
	erkennen	17
	erklären etw. zu etw.	17
sich	erkundigen nach etw.	5
	erleichtern	8
	ermahnen	15
	ernst	3
	Eroberer, m	4
	erobern	12
	Eroberung, f	14
	erröten	12
	Ersatzform, f	16
	Ersatzreifen, m	0
	ersetzen etw.	13
	Erwähnung, f	9
	Erziehung, f	5
	Esel, m	12
	Etikette, f	8
	Ex(mann/freund), m	1
	Explosion, f	9
	Fachhochschule, f	**15**
	Fachleute, Pl.	12
	Fachsprache, f	9
	Fachwerkhaus, n	14
	Fahrt, f	1
	fälschen	9
	Familienmitglied, n s	0
	Fantasie, f	3
	fantasieren	12
	färben	8
	Fassade, f	10
	Fassung, f	9
	faszinierend	8
	faulenzen	15
	feige	15
	Feld, n	3
	Fernglas, n	0
	Fernreise, f	16
	Fernsehabend, m	6
	Fernsehschirm, m	6
	Fernsehsender, m	6
	Fernsehsendung, f	6
	Fernsehveranstaltug, f	6
	Fernsehwerbung, die	0
	feststellen etw.	5
	Feuerzeug, n	14
	Filmanzeige, f	0
	Filmfest, n	5
	Filmtitel, m	0
	Finalsatz, m	7
	Finder, m	2
	Finger, m	7
	finster	6
	Flamme, f	9
	Fleck, m	9
	Fleischklößchen, n	12
	fliehen vor etw.	12
	Flirt, m	10
	Flötist, m	12

Flucht, *f*	12	Gestalt, *f*	12	Hörer, *m*	13
flüchten	8	gestatten	6	Hosenträger, *m, meist Pl.*	7
Flüchtling, *m*	10	gewaltsam	4	Huhn, *n*	4
Folge, *f*	2	Gewehr, *n*	4	humorvoll	8
Folklore, *f*	8	gleichzeitig	3	Hymne, *f*	17
Folkloregruppe, *f*	8	Gotik, *f*	10	Hypothese, *f*	2
Formulierung, *f*	15	grandios	10	**identisch**	**16**
Forschung, *f*	3	grenzen *an etw.*	17	Illustrierte, *f*	0
Forschungsreise, *f*	3	grenzenlos	10	im Allgemeinen	1
Fortbildungskurs, *m*	5	Grenzveränderung, *f*	17	im Laufe *von etw.*	14
fortsetzen	9	grinsen	6	imitieren	1
Französischlehrer, *m*	5	großartig	4	Immobilie, *f*	2 (M)
Frauenberuf, *m*	5	Grundbesitz, *m*	2 (M)	Impfung, *f*	16
Freiberufler, *m*	2 (M)	Grußformel, *f*	1	imponieren *jdm.*	11
freinehmen	10	**Hafen, *m***	**11**	importieren	5
Fremde, *f/m*	14	Hafenstadt, *f*	4	Impuls, *m*	14
Fremdenfeindlichkeit, *f*	14	Hagel, *m*	9	in der Regel	1
Fremdwort, *n*	17	Hahn, *m*	1	in Ordnung bringen	7
Frikadelle, *f*	12	Halbzeit, *f*	6	Indianer, *m*	3
fromm	9	Halsband, *n*	8	Indien, *n*	3
Front, *f*	11	Handbuch, *n*	14	industriell	10
frühestens	9	Handel treiben	4	Infinitivergänzung, *f*	6
frühzeitig	16	Handelsmacht, *f*	17 (M)	Infinitivgruppe, *f*	6
fürchterlich	3	Handelsweg, *m*	17	innerdeutsch	10
Fußboden, *m*	13	Handtasche, *f*	2	Integration, *f*	14
Futur, *f*	4	Hansestadt, *f*	17	Intellekt, *m*	8
Gabe, *f*	**3**	hässlich	13	Intention, *f*	7
Gang, *m (Gang einlegen)*	2	häufig	5	Interpret, *m*	11
Gartenhaus, *n*	8	Hauptdarsteller, *m*	4	interpretieren	15
Gaspedal, *n*	2	Hauptgebäude, *n*	5	irgendwer	7
Gebäude, *n*	10	Hauptsache, *f*	17	irgendwo	1
Gebiet, *n*	3	Hauptschule, *f*	5	irre	15
Geburtsort, *m*	8	Hausarzt, *m*	16	irreal	13
Geburtsstadt, *f*	6	Hausbesitz, *m*	2 (M)	isolieren	16
Gefahr, *f*	16	Haushalt, *m*	2	**Jagd, *f***	**17**
Gefängnis, *n*	4	Haustürschlüssel, *m*	7	Jäger, *m*	6
Gefühl, *n*	2	heftig	17	Jahresangabe, *f*	12
Gegensatz (im Gegensatz zu), *m*	3	heilig	4	Jahreskarte, *f*	1
geistig	12	Heiligabend, *m*	8	je … desto …	17
geklont	4	Heimatland, *n*	10	jener	3
Gelbsucht, *f*	16	Heimatort, *m*	8	Jet, *m*	12
Geld abheben	7	Heimatstadt,	10	jetzig	15
Geldschein, *m*	7	heiser	12	Jugenderzählung, *f*	8
Gelegenheitsarbeiter, *m*	14 (M)	Hepatitis, *f*	16	Jugendzeit, *f*	15
Gelehrte, *m/f*	4	her	6	**Kaffeebohne, *f, meist Pl.***	**4**
gelingen	6	herausbringen	14	Kaffeeimporteur, *m*	4
Gemäldesammlung, *f*	10	herein	6	Kaiser, *m*	4
Gemeinsamkeit, *f*	5	herkommen	6	Kanton, *m*	17
Gemeinschaft, *f*	3	Herkunftsland, *n*	14	Karikatur, *f*	8
genehmigen	12	Herrschaft, *f*	14	Kaserne, *f*	10
Genehmigung, *f*	12	Herrscher, *m*	14	Katastrophe, *f*	9
genießen	15	hin und her	15	katholisch	15
Genus, *n*	11	hin	6	kaufmännisch	5
Geografie, *f*	3	hinfahren	6	kausal	10
Geologie, *f*	3	hinterlassen	13	Kausalsatz, *m*	7
Gerede, *n*	15	hinweisen *auf etw.*	17	Kern, *m*	17 (M)
geregelt	13	Historiker, *m*	8	Kernkraftgegner, *m*	9
gering	5	historisch	2	Kernkraftwerk, *n*	9
Germanische, *n*	17	Hitlerzeit, *f*	8	Kerze, *f*	14
geschäftlich	10	Hitparade, *f*	6	Killer, *m*	4
Geschäftsfreund, *m*	5	Hochdeutsch, *n*	12	Kinderfilm, *m*	4
Geschäftszentrum, *n*	10	Hoffnung, *f*	3	Kindergarten, *m*	17
geschehen	4	Höhepunkt, *m*	10 (M)	kitzeln	7
Geschlechtsverkehr, *m*	16	Holzschnitt, *m*	3	Klamotten, *Pl.*	15
geschmacklos	6	Honig, *m*	17 (M)	Kleiderbügel, *m*	8
Gesetz, *n*	16	hören *auf jdn.*	15	kleinstädtisch	17 (M)

knapp	1
Knie, n	3
Knödel, m	17
Know how, n	17
Kohle, f	12
Kolonialismus, m	4
kommerziell	17
Komparation, f	1
Komparativ, m	1
komplex	4
Konferenzsprache, f	17
königlich	8
konkret	13
konsekutiv	17
Konservierungsmittel, n	17 (M)
Konsulat, n	16
Kontext, m	13
Kontinent, m	3
Kontroverse, f	17
Konzentrationslager, n	14
Kopftuch, n	14
körperlich	10 (M)
kostenlos	4
Krach, m	12
Kraft, f	10 (M)
Kraftfahrzeugzulassungsstelle, F	7
kriegen	2
Kriegsende, n	14
sich kümmern um jdn.	5
Kupplung, f	2
Kupplungspedal, n	2
Kurzbiographie, f	14
Kurzmeldung, f	0
KZ (Konzentrationslager), n	4
lächeln	**6**
lackieren	8
Lage, f	3
Lagerhaus, n	17 (M)
Lametta, n	8
Lampion, m	14
Landessprache, f	17
Landkreis, m	3
ländlich	2
Landung, f	3
Landwirt, m	2 (M)
sich langweilen	7
Lateinische, n	17
Laterne, f	11
lau	9
Lautsprecherbox, f	12
Lawine, f	12
lebendig	15
Lebenserwartung, f	4
Lebensjahr, n	14
ledern	3
Lehrgang, m	5
Lehrling, m	8
Leiden, n	8
Leistung, f	1
Leitungswasser, n	9
Lesetipp, m	11
Liebeslied, n	11
Liedtext, m	8
liefern	9
Lindenbaum, m	13
Lippe, f, meist Pl.	6

loben	7
lockig	8 (M)
Lohn, m	5
Lotto, n	13
Lücke, f	9
Lügner, m	3
Lutheraner, m	14
lutherisch	14
Magnet, m	**12**
Mais, m	4
Mannequin, n	15
Männerberuf, m	5
Manöver, n	10
Manuskript, n	0
marschieren	4
Marxist, m	14
Maske, f	14
Massenbewegung, f	12
Maßnahme, f	16
Material, n	0
Maul, n	6
Meeresbucht, f	3
Mehrsprachigkeit, f	17
melden	12
Menschliche, n	16
merken	6
merkwürdig	12
Migrant, m	14
militärisch	14
Millionär, m	13
Millionenstadt, f	2
Minderheit, f	17
Mischung, f	4
Mitarbeiter, m	5
Mitglied, n	0
Mitmenschen, Pl.	7
Mitteleuropäer, m	10
Mittelfinger, m	7
mittelgroß	1
Moderator, m	6
möglicherweise	4
Mokka, m	4
Mönch, m	4
monoton	12
moralisch	9
morden	1
Moschee, f	10 (M)
motiviert	5
Mühe, f	1
musizieren	12
Mut, m	13
mutig	3
Muttersprache, f	12
Mütze, f	0
Nachbarland, n	**12**
nachdem	3
nacheinander	3
nachschauen jdm.	3
Nachteil, m	1
Nähmaschine, f	10 (M)
Nahrung, f	6
nämlich	10
nationalsozialistisch	4
Nationalstaat, m	17
Nazi-Regime, n	14
Netz, n	17 (M)

	Netzwerk, n	17
	nicht nur ... sondern auch ...	17
	nicken	14
sich	niederlassen	14
	Nordsee, f	15
	Note, f	15
	obligatorisch	**11**
	Observatorium, n	17
	obwohl	4
	offensichtlich	6
	Ökologe, m	3
	Olive, f	4
	opfern	9
	Opposition, f	14
	optimal	16
	oral	16
	ordentlich	15
	Organist, m	8
	Orgel, f	8
	originalgetreu	10 (M)
	Ortsname, m	12
	Ortsnetzbereich, m	7
	Ortsschild, n	17
	Ortswechsel, m	16
	Ortszeit, f	9
	Osteuropäer, m	14
	pachten	**14 (M)**
	Parallelform, f	10
	Parodie, f	4
	Partnerschaft, f	16
	passend	13
	Passfoto, n	5
	Passivsatz, m	9
	Pauschalurlaub, m	8
	Pelz, m	17 (M)
	Pensionär, m	2 (M)
	Personalabteilung, f	5
	Personenwechsel, m	16
	Pfarrer, m	8
	Pfeil, m	4
	Pflegepersonal, n	16
	Planet, m	10
	Plattenbau, m	10
	Plusquamperfekt, n	3
	Poesie, f	1
	polytechnisch	5
	Popularität, f	11
	Positiv, m	1
	Postamt, n	2
	prädikativ	1
	Premier, m	11
	Presse, f	17
	Preußen, n	10
	preußisch	14
	Prinzip, n	14
	promovieren	15
	Propaganda, f	11
	proportional	17
	Protestbewegung, f	14
	protestieren gegen etw.	15
	Provinz, f	8
	Prozess, m	17
sich	prügeln	6
	Publikum, n	7
	Qualifikation, f	**5**
	radioaktiv	**9**

	Word	
	Radiosendung, f	6
	Rand, m	10
	rasch	9
	rasen	12
	Rasse, f	6
	Rassismus, m	14
	rassistisch	14
	raten	17
	Ratenzahlung, f	7
	ratlos	2
	Rauch, m	13
	rauf	6
	rauschen	13
	rebellieren	4
	Rechenmaschine, f	9
	Rechtsanwalt, m	14
	Redewiedergabe, f	16
	Regel, f	1
	Regelmäßigkeit, f	3
	reichen von ... bis ...	4
	Reichstag, m	12
	Reichtum, m	0
	Reihenhaus, n	13
	Reiseweg, m	3
	rekonstruieren	7
	Relativpronomen, n	1
	Relativsatz, m	1
	Religion, f	14
	rennen	3
	Reparaturannahmestelle, f	7
	Reportage, f	16
	Reporter, m	15
	Resultat, n	3
	revolutionär	3
sich	richten an etw.	5
	Richtigkeit, f	9
	Rinde, f	13
	Ringfinger, m	7
	Ritt, m	4
	Roboter, m	4
	Rucksack, m	17
	Ruhrgebiet, n	5
	Rum, m	4
	Rundfunk, m	6
	Russlanddeutsche, m	14
	rustikal	6
	Saal, m	**3**
	satirisch	8
	Satzglied, n	6
	Satzinhalt, m	5
	Satzverbindung, f	11
	Schaden, m	9
	schalten	2
sich	schämen	3
	Schatten, m	11
	Schatz, m	6
	schätzen	11
	Schaufel, f	0
	Scheibe, f	5
	Schicksal, n	4
	schildern	4
	Schlagsahne, f	4
	schlapp	16
	schlau	9
	schmerzhaft	12
	Schmuck, m	3
	schmücken	8
	schnarchen	7
	Schoppen, n	17
	Schrecken, m	9
	Schreibweise, f	3
	schreien	3
	Schriftsprache, f	17
	Schulbesuch, m	5
	Schulchor, m	15
	schuld sein	15
	schütteln	3
	schützen	12
	Schwalbe, f	1
	Schweigen, n	17
	Schweinefleisch, n	14
	schwören	15
	Seefahrer, m	3
	Seefahrt, f	8
	Sehnsucht, f	11
	seither	4
	Sekundarschule, f	5
	sensationell	11
	Sexualität, f	8
	Siedlung, f	10
	Signal, n	3
	sinnvoll	1
	Skandal, m	5
	Software-Programm, n	11
	sogenannt	5
	sogleich	9
	Sonde, f	10
	Sorbe, m	17
	Sorge um etw., f	15
	sorgfältig	8
	sowohl ... als auch ...	16
	sozialistisch	15
	spätestens	9
	spendieren	2
	Spieltag, m	6
	Spinner, m	15
	Sprachgrenze, f	17
	Sprachraum, m	6
	Sprachregelung, f	8
	sprechüblich	5
	Spur, f	6
	Staatsangehörigkeit, f	14
	Staatsbürgerin, f	11
	Staatsbürgerschaft, f	5
	Staatspräsident, m	10
	Städtename, m	3
	Stadthalle, f	6
	Stadtplan, m	17 (M)
	Stamm, m	6
	Standardtarif, m	12
	Standesamt, n	16
	starten	2
	staubig	4
	Staubwolke, f	9
	stecken	2
	steigen auf etw.	0
	Stellenausschreibung, f	13
	Stellung, f	1
	Stellungnahme, f	2
	Steuer, f	1
	still	8
	stinken	14
	stolz auf jdn. sein	7
	Stoß, m	17
	stottern	12
	Straßenverkehrsordnung, f	7
	streichen	5
	Streichholzschachtel, f	8
	Stress, m	1
	Strophe, f	8
	Studentenprotest, m	15
	Studentenrebellion, f	8
	Studentenverbindung, f	15
	Studienrat, m	14
	stundenlang	5
	Sturm, m	9
	Subjunktion, f	3
	subordinierend	17
	suchen nach etw.	6
	Südamerika, (n)	3
	Summe, f	11
	Synagoge, f	14
	tabellarisch	**5**
	Tabu, n	8
	Tagesschau, f	6
	tagsüber	9
	Takt, m	12
	Talent, n	6
	Taschenlampe, f	0
	Taschenuhr, f	7
	Tat, f	3
	Täter, m	9
	tätig sein	14
	tatsächlich	17
sich	täuschen	17
	Teddybär, m	17
	Teilnahme an etw., f	3
	Tellerwäscher, m	14 (M)
	Thriller, m	6
	toben	12
	Todesstrafe, f	11
	Toilettenpapier, n	0
	tonnenweise	9
	total	10 (M)
	töten	9
	Touristenattraktion, f	10 (M)
	Touristenführer, m	10
	Tradition, f	8
	transportieren	0
	trauen	12
	Traum, m	11
	traurig	3
	Trio, n	2
	Trip, m	10
	trostlos	13
	trotz	4
	Truppe, f	17
	Tuch, n	17
	Turm, m	3
	Türschloss, n	2
	überdurchschnittlich	**6**
	Überfall, m	14
	Überlegung, f	15
	Übersetzer, m	14 (M)
	Übersicht, f	12
	überstehen etw.	16
	überweisen	6
	überzeugt von etw.	3

sich	Wort	
	Uhrzeit, *f*	4
	umformen	6
	Umformung, *f*	6
	Umgangssprache, *f*	16
	umleiten	9
	umsonst	15
	umsteigen	1
	Umtausch, *m*	8
	umwandeln	6
	Unabhängigkeit, *f*	4
	unbedingt	16
	unbekannt	9
	Unbekannte, *m/f*	8
	unberührt	10
	unfähig sein	17
	Ungeduld, *f*	6
	Unglück, *n*	9
	Unruhe, *f*	17
	unter anderem	8
	Unterhaltung, *f*	6
	Unterhaltungssendung, *f*	6
	unternehmen	3
	unterscheiden *zwischen etw.*	4
	unterstützen	15
	untersuchen	5
	urkundlich	1
	Urlauber, *m*	14 (M)
	Ursache, *f*	9
	ursprünglich	4
	utopisch	8
	Variation, *f*	**1**
	verabredet sein	11
	Verbindung, *f*	11
	Verbrechen, *n*	9
sich	verbreiten	3
	Verbteil, *m*	11
	Verbündete, *m/f*	4
	Verdeutlichung, *f*	15
	vereinen	12
	verfälschen	17
	verfilmen	8
	Verfolgte, *f/m*	14
	Verfolgung, *f*	14
	verfügen *über etw.*	2 (M)
	verführerisch	4
	Vergangenheitsform, *f*	15
	vergehen	17
	Vergrößerung, *f*	17
	verhaften	14
	Verhandlung, *f*	4
	verheimlichen	9
	verkehren	10
	verkürzen	8
	Verlag, *m*	0
sich	verlassen *auf etw./jdn.*	5
	verlaufen	2
	Verletzte, *f/m*	9
	Verletzung, *f*	7
sich	vermischen	17
	Vermischung, *f*	17
	Vermittlung, *f*	9
	Verneinung, *f*	7
	veröffentlichen	0
	verpassen	15
	verschweigen	9
	versetzen *jdn./etw. in etw.*	12
	versprechen	6
	verstaatlichen	14
	Verstand, *m*	3
	Verständigung, *f*	17
	Verstärkung, *f*	15
	verteidigen	8
	Vertrag, *m*	6
	vertuschen	9
	verursachen	9
	Verwaltung, *f*	2
	verwehen	17
	verzweifeln	3
	Vielseitigkeit, *f*	3
	Volksgruppe, *f*	17
	Volkslied, *n*	11
	volkstümlich	6
	völlig	3
	Volljährigkeit, *f*	14
	Vollständigkeit, *f*	9
	Voraussetzung, *f*	5
	voraussichtlich	2
	vorbildlich	3
	Vorgang, *m*	9
	vorhaben	4
	vorig	10
	Vorlesung, *f*	15
sich	vornehmen	7
	Vorort, *m*	13
	Vorsatz, *m*	4
	Vorsitzende, *f/m*	15
	vorstellbar	5
sich	vorstellen *bei jdm.*	1
	Vorteil, *m*	1
	vortragen	9
	Vorwurf, *m*	3
	vorziehen	15
	Wächter, *m*	**3**
	Wahrscheinlichkeit, *f*	11
	Wanderschuhe, *Pl.*	0
	Ware, *f*	5
	Wartezeit, *f*	8
	Wasserhahn, *m*	7
	wechseln	15
	weder ... noch ...	17
	wegen	4
	wegfallen	7
	Weihnachtsfest, *n*	8
	Weihnachtsgeschenk, *n*	8
	Weihnachtslied, *n*	8
	Weihnachtstag, *m*	8
	Weinfest, *n*	10
	Weinindustrie, *f*	14
	weise	15
	Weise, *f*	10
	weisen *von sich etw.*	17
	Weiterreise, *f*	3
	Weizen, *m*	4
	weltbekannt	3
	Weltbevölkerung, *f*	2
sich	wenden *an jdn.*	5
	werben *für etw.*	10 (M)
	Werkstatt, *f*	7
	Western, *m*	4
	Wiederaufbau, *m*	10 (M)
	wiedergeben	1
	Wind, *m*	13
	wirken	17 (M)
	Wirkung, *f*	6
	wirkungsvoll	8
	Wirtschaftswissenschaft, *f*	5
	woanders	4
	wodurch	9
	Wohneigentum, *n*	2 (M)
	Wohngegend, *f*	1
	Wohnungsbaugesellschaft, *f*	7
	Wohnungsbesitzer, *m*	9
	Wolle, *f*	17
	wörtlich	16
	wortlos	17
sich	wundern *über etw.*	3
	würfeln	4
	Wüste, *f*	0
	zahllos	**10 (M)**
	zahlreich	4
	zärtlich	4
	Zauber, *m*	17 (M)
	Zeichensprache, *f*	17
	Zeigefinger, *m*	7
	Zelt, *n*	0
	Zivilisation, *f*	10
	Zoll, *m*	4
	Zorn, *m*	4
	zudrehen	7
	Zufall, *m*	4
	zufällig	8
	Zugverbindung, *f*	12
	Zündschloss, *n*	2
	zunehmen	2
	zurückkehren	3
	zurücklassen	5
	zurückzahlen	11
	zurzeit	12
	zusammenfallen	10 (M)
	zusammenhängen *mit etw.*	17
	zusammenkommen	8
	zusammenstellen	16
	Zusatz, *m*	11
	Zuschauer, *m*	10
	Zustand, *m*	9
	zwar ... aber	17
	zweifeln *an etw./jdm.*	11
	Zweig, *m*	13
	Zweisprachigkeit, *f*	17
	zweiteilig	17
	zwingen *zu etw.*	14
	zwitschern	1